登自己的山

All This Wild Hope

Letters from Russia

Astolphe de Custine

I

俄 国 来 信

[法]阿斯托尔夫·德·屈斯蒂纳○著

李晓江○译

GUANGXI NORMAL UNIVERSITY PRESS
广西师范大学出版社

·桂林·

图书在版编目(CIP)数据

俄国来信：全四册 / (法) 阿斯托尔夫·德·屈斯
蒂纳著；李晓江译. –– 桂林：广西师范大学出版社，
2023.11

　ISBN 978–7–5598–6235–8

　Ⅰ.①俄⋯ Ⅱ.①阿⋯ ②李⋯ Ⅲ.①游记 – 俄罗斯
Ⅳ.①K951.29

中国国家版本馆CIP数据核字(2023)第140906号

EGUO LAI XIN： QUAN SI CE
俄国来信: 全四册

作　　者：(法) 阿斯托尔夫·德·屈斯蒂纳
译　　者：李晓江
责任编辑：谭宇墨凡
装帧设计：UN_LOOK lab
内文制作：燕　红

广西师范大学出版社出版发行

　广西桂林市五里店路 9 号　邮政编码：541004
　网址：www.bbtpress.com

出 版 人：黄轩庄
全国新华书店经销
发行热线：010–64284815
北京鑫益晖印刷有限公司
开本：860mm×1092mm　1/32
印张：33.25　　　字数：560千
2023年11月第1版　2023年11月第1次印刷
定价：268.00元（全四册）

如发现印装质量问题，影响阅读，请与出版社发行部门联系调换。

首先是要尊重外国人，不管他们是什么身份和地位。

还有，如果不能给他们礼物，让他们满载而归，

那至少要给他们很多纪念品以示善意。

因为他们回去的时候，是说一个国家的好话还是坏话，

取决于他们在那里受到了什么样的招待

—

弗拉基米尔·莫诺马赫 1126 年给子女的建议

引自卡拉姆津《俄罗斯帝国史》
第二卷第 205 页

目 录
CONTENTS

自序

对于我来说，旅行从来不是时尚，而是与生俱来的爱好，而且我从年少时便开始满足自己这种爱好。我们大家都模模糊糊地受着一种欲望的折磨，想要了解这个在我们看来如同牢狱的世界，因为我们自己并没有把它选作居所。要是没有把我的牢狱努力地探索一番，我觉得我不会平静地离开这个逼仄的世界。我越是探究它，它在我的眼里就越是美丽辽阔。"为知而看"，这是旅行家的座右铭，也是我的座右铭。这话不是学来的，它天然就在我的心中。

比较各国不同的生活方式，研究各国特有的思维和感知方式，领会宗教在这些国家的历史、礼俗以及相貌之间确立的联系——一句话，旅行是为了让我的好奇心获得源源不断的养分，给我的思想提供源源不断的动力，防止我对于世界的评述变得像是从一个文学之士那里抢走了他藏书室的钥匙。

但是，如果说好奇心让我去漫游，那对家乡的眷恋又让我归来。然后，我回顾自己观察到的东西，并不揣浅陋，从中挑出我认为可以交流的最可能有用的想法。

在我逗留俄国期间，以及在我其他所有的旅行中，有两种想法，或者更确切地说，两种情感，一直影响我的内心——对法国的爱和对人类的爱。前者让我对外国人以及对法国人自己的评判变得苛刻，因为热爱绝不是宽纵。找到这两种相互对立的尘世之爱的对象之间的平衡点，找到对祖国的爱和对人类的爱之间的平衡点，是所有高尚心灵的使命。

俄国之所以成为当今世界上可以见到的最独特的国家，是因为极端的野蛮和极端的文明在那里结合在一起。对教会的奴役助长了极端的野蛮，而极端的文明则是由不拘一格的政府从国外输入的。要理解这两种对立成分的冲击如何产生了静止，或至少说停滞，就需要跟着旅行家深入这个独特的国家的心脏地带。

在我看来，我用来描述各个地方、说明各种特征的方式，即便不是对作者最合适的，至少也最有可能激发读者的信任感。因为我要让读者跟着我，让他自行判断我会产生的那些想法的来龙去脉。

我到了一个新的国家，不带任何成见——除了那些谁也不能避免的，那些苦心研究其历史所形成的看法。我考察实物，观察事实和个人，同时也坦率地允许日常经验修改我的意见。我这种不受任何强制的劳动，极少受到排他性的政治观念干扰，只有宗教是我不变的准则。即便是这个准则，也可能被读者拒绝，而对于事实的叙述以及从事实中得到的教训，却不会被丢弃，或者与那些信仰和我不一致的人对我的责难混淆起来。

也许有人会指责我抱有成见，但永远不会有人指责我故意隐瞒真相。

我对于见到的事情的描述是当场做出的，对于每天听到的事情的叙述是在当晚记录的。因此，我在下文中一字不差地讲到我与皇帝的交谈，不会不引起人们的兴趣——对于是否准确的兴趣。我希望这些交谈还会有助于人们更好地了解这位君主。在我们当中以及在整个欧洲，对他的看法差别很大。

下面各章的内容本来不是全都准备公开的。最初几章纯粹是作为私人信件来写的。因为厌倦了写作但还没有厌倦旅行，我决意在这次观察的时候，不做任何系统的计划，只把我的见闻告诉我的朋友。促使我把它们全部发表的原因，会在作品的进程中看到。

最主要的原因是我觉得，对于一种对我来说是全新的社会状态的审视，每天都在改变我的看法。我想，在谈论俄国真实状况的时候，我要做得既大胆又新颖。因为到目前为止，恐惧和利益让人们说了很多溢美之词，仇恨也让人们说了很多诽谤的话，所以我不担心让船撞在这块或那块岩石上。

我去俄国，原本是为了寻找反对代议制政体的理由，回来却成了宪法的拥护者。混合政体对于行动并不是最有利的，但各民族已经到了老年，不太需要行动了。这种政体对于生产的帮助最大，它能为人类带来最大程度的富足。尤其是，它可以让思想在切合实际的观念范围内，拥有最高限度的活力。总而言之，它不是依靠情操的提升，而是凭借法律的作用，使公民处于独立的地位；这的确是对某些重要缺陷的重要补偿。

随着我逐渐了解这个彼得一世整治的，也可以说创立的，庞大而独特的政府，我开始意识到机缘凑巧使我担负的这项使命的重要性。

俄国人对我在言语上的有所保留明显感到不安，他们对我的作品极为好奇。这种好奇首先让我想到，我的力量要比我先前认为自己拥有的更大。我变得专心而谨慎，因为不久我就发现，我的真诚也许会给自己招来危险。因为不敢通过邮局把信件寄出去，我就把它们全都留着，并且小心翼翼地不让别人知道。因此，当我回到法国的时候，我的游记已经写好了，而且是在我自己手中。不过，对于要不要发表，我犹豫了三年：我需要这些时间来调和我内心深处觉得彼此冲突的两种要求，分别关乎感恩和真相！后者最终占了上风，因为它在我看来，是会让我的祖国感兴趣的真相。我尤其不能忘记，我是为法国写作，我认为自己有义务向它揭示有用而且重要的事实。

我认为自己有能力也有权利去评判一个在那里有我的朋友的国家，如果我的良心要求我，甚至还会严厉地评判。在没有下作到进行人身攻击的情况下分析公众人物的性格，从国内地位最高的大人物开始引述政治人物的话，去描述他们的所作所为，并在最后对这些审查所引起的反思进行调查。不过，前提是在我胡思乱想的过程中，我没有把我的想法告诉给别人，除非那些想法在我自己的眼中值得告诉别人。在我看来，一个作家的德行全在于此。

但是，在以这种方式尽自己责任的时候，我对所有的社交礼节都保持敬意，至少我希望如此。因为我坚持认为，表达严肃真相的得体方式是有的。这种方式就是，只说认准的事情，同时要抵制虚荣心造成的联想。

此外，我在俄国看到了很多令人钦佩的东西，所以在我的描述中有很多赞美的话。

俄国人不会满足。何时听说过利己心会感到满足？然而没有人比我更能感受到他们民族的伟大以及在政治上的重要性。当我和他们待在一起的时候，这些旧世界舞台上的后来者，他们的崇高命运自始至终萦绕在我的心头。要是把俄国人看作一个整体，我认为他们是伟大的，虽然他们的缺点也很惊人；而要是看作一个个独立的个体，我认为他们都很和蔼可亲。在普通人的性格中，我发现了很多有趣的东西。我想，这些令人高兴的事实应该可以抵消别的不那么令人高兴的事实。但是，大部分旅行家至今都把俄国人当作被宠坏的小孩看待。

如果说人们所处的社会状态使得他们忍不住说出一些刺耳的话，如果说他们政府的精神和我的观念及习惯截然对立，惹得我说出责备的话，甚至是气得大骂，那我的赞美同样是发自内心，肯定更有分量。

但这些东方人习惯了直来直去的恭维，听不得任何指责。所有的不赞成在他们看来都是背叛，他们把所有严肃的真相都称为谎言。他们察觉不到在我明显的批评中，有时隐藏着微妙的赞赏——伴随着我最严厉的评论的是遗憾，有时还有同情。

如果说他们没有使我转而信奉他们的宗教（他们有几种宗教，其中政治的宗教并不是最偏狭的），如果说他们反倒用一种反对专制、支持代议政体的方式，改变了我的君主制观念，那他们会感到生气，只因为我不相信他们的看法。对此我很遗憾，但我宁可遗憾也不愿悔恨。

要是我对他们的不义视若无睹，我就不发表这些内容了。再者，虽然他们有可能会在言语上抱怨我，但他们在良心上会原谅我。这个声明对我来说足够了。所有诚实的俄国人都会承认，即使我缺少时间纠正我的印象，因而在细节上犯了一些错误，但我对俄国的描述总的来说实事求是。他们会考虑到我必须克服的困难，并称赞我能够在政治面具的下面，迅速地看出他们原生性格中的优点，而那些优点早就被政治面具弄得面目全非。

对于我目睹的事实，我完全是按照它们在我眼前发生的样子记述的；那些和我有关的事实，也是按照我接收到的样子来写的；我没有企图欺骗读者，用我自己来代替我请教过的人。如果我没有指名道姓，或者以任何方式指出那些人，我的慎重无疑是值得肯定的；这进一步证明了文明人应该得到的信任程度，因此对于某些我无法亲自观察的事实，我就冒昧向他们了解情况。无须赘言，我只引用某些人的话，他们因其人品和地位而在我眼里具有不容置疑的权威性。

凭借我的审慎和严谨，读者可以自行判断这些二手事实应该具有的权威性，而那些二手事实，可以说在我的叙述中只占很小的部分。

Lettre première

第一封信

埃姆斯，6月5日

俄罗斯世袭大公到达埃姆斯·俄国廷臣的特点·大公的相貌·他的
父亲和叔父在同样年纪的时候·他的随从马车和随从人员·英国人
在所有外在的辅助用具方面的优势·莱茵河·河流比它的两岸更美·莱
茵河上的萤火虫

  我的俄国之行是从昨天开始的。世袭大公已经到了埃
姆斯[1]，前面是十到十二辆马车开道，并有一个庞大的宫
廷陪同。头一次见到俄国的廷臣，让我印象很深的，主要
是作为显贵的他们，在履行自己义务时表现得异常顺从。
实际上，他们的地位好像只比奴隶高一点。但是，一旦皇
子不在，他们就又恢复了自由、从容、果断的样子，与刚
刚装出的唯唯诺诺判若两人。一句话，在皇储的随从当中，

1　从作者文中对埃姆斯的描述来看，此地当为德国著名的温泉小城巴
 特埃姆斯（Bad Ems），位于莱茵河的支流兰河河畔，同时距莱茵河
 也不远，19世纪时曾是包括沙皇尼古拉一世和亚历山大二世在内的许
 多王公贵族夏季的度假胜地。参见第三十六封信。

似乎普遍有一种低三下四的习惯，从仆役到贵族概莫能外。这不仅仅是其他宫廷也有的礼仪。在其他宫廷，例行公事般的致敬，看重职务而不是看重人，总之，就是那种必须扮演的角色，让人觉得无聊，有时还会受到嘲笑。在这里，事情却是另外的样子。那是自发的、不由自主的谦卑，然而又不完全排除自大。我似乎可以听到他们说："既然只能如此，那就高高兴兴地接受吧。"这种既傲慢又卑贱的样子我不喜欢，它绝没有让我对即将考察的那个国家有个好印象。

当大公从马车上下来的时候，我不知不觉地随着一群好奇的观众来到他的身旁。在浴场门口，他站着同一位俄国的女士——某某伯爵夫人谈了一会儿，所以我可以慢慢地打量他。他看上去有二十岁，身材魁梧，只是我觉得，对于一个那么年轻的人来说，他似乎胖了点。要不是因为脸上过于丰满，损害了表情，他的相貌还是挺英俊的。他的圆脸更像是德意志人而不是俄罗斯人，让人想到亚历山大皇帝在同样年纪的时候是什么样子，但无论如何也不会让人想到卡尔梅克人的相貌。这种脸型要经历很多变化才能呈现最终的特性。现在它露出的习惯性的心境是温柔和仁慈。但是，笑意盈盈的眼睛与总是抿着的嘴巴还是显得不协调，好像在隐瞒什么，也许还意味着某种内心的痛苦。

在青春时代，幸福可以说是人的权利，而青春时代的痛苦是最好不要告诉别人的秘密，因为哪怕是有过类似经历的人，也不可能把那些谜一样的东西解释清楚。这位年轻的皇子表情和善，举止优雅而威严，王侯风度十足。他态度谦逊，却又毫不怯场，单是这一点，就一定能为他赢得很多好感。大人物的局促不安对于别人来说是很尴尬的，所以，他们的轻松自在就总是显得十分亲切。其实，他们的轻松自在就等同于亲切。一旦自以为不同于凡夫俗子，他们就会变得拘谨，这既是因为受到这样一种想法的直接影响，也是因为徒劳地想让别人也这么想。这种愚蠢的焦虑没有干扰到大公。他的仪态告诉人们，一个有教养的人应该是什么样子，而将来如果由他主政，他会用优雅的举止所固有的魅力，而不是用恐怖的手段，让人服从自己。除非是作为俄国的皇帝，那种身不由己的状况在改变他地位的同时，也改变了他的性情。

写了上面这些话之后，我又见过世袭大公一次，并对他作了距离更近也更从容的观察。当时他脱掉了制服。制服穿在他的身上似乎太紧，身体显得有点儿臃肿。我觉得他不穿制服看上去最好。他的将军风度当然讨人喜欢；他举止高傲，但没有军人的生硬感。他独特的风度让人想到斯拉夫人那种奇怪的魅力。他表现的不是南方的激情，也不是北方人的冷漠，而是混合了淳朴、南方人的灵活和斯堪的纳维亚人的忧郁。斯拉夫人是白皮肤的阿拉伯人；大公有一半以上德意志血统，但是在梅克伦堡和荷尔施泰因，就如同在俄国的某些地区一样，有斯拉夫血统的德意志人。

这位皇子虽然年轻，但他的脸庞却不如他的身材那么有吸引力。他的脸色缺乏生气。（作者附释：大公在来埃姆斯之前已经病了一段时间。）看得出来，他在忍受什么痛苦的事情；他的眼皮耷拉着，那种悲伤的样子暴露出成熟之人的忧虑。他的嘴型很漂亮，显得很温柔；希腊式的侧影让我联想到古代的奖章或叶卡捷琳娜女皇的肖像。但是，尽管他表情和善（这样一种表情几乎总是透露着美）、年轻，而且有德意志的血统，从他脸上的线条中，不可能注意不到一种掩饰的力量。从一个那么年轻的人身上看到这一点，令人不寒而栗。这无疑是命运留下的印记。它使得我相信，这位皇子将会登上皇位。他说话的语调亲切，这在他的家族中并不常见；他们说，这是他从母亲那里继承的天赋。

他在年轻的随从当中显得非常出众，但是，除了他的相貌特别优雅之外，我们看不出是什么造成了他们之间那种显而易见的差距。优雅总是指一种和蔼可亲的、精神上的天赋；它把心灵描绘在脸上，体现在举止态度上，并让人愉快地听从命令。俄国的旅行家跟我说过，皇子有一种罕见的美。要是没有这种夸张的说法，我的印象会更深。另外，我还不由得想起他的父亲以及他的叔父米哈伊尔大公那种罗曼蒂克的风采和天使一般的外型。他们在1815年来到巴黎的时候，曾被称为"北方之光"，而我觉得应该严格一点，因为我曾经上过当。尽管如此，俄国的这位大公依然是我见过的最完美的皇子的典范。我印象很深的还有，他的随从马车比较雅致，行李混乱无序，仆人漫不经心。较之英国随从马车的简朴以及英国仆人对所有事情的悉心照料，就可以知道，要把用具或外在的准备工作做得完美，只在伦敦订制马车和马具还不够。这种完美性在我们这个讲究实际的时代成了英国人的优势。

昨天，我去看了莱茵河上的日落。那景象真是壮观。不过，在这个美丽然而被过度赞誉的地区，我主要欣赏的并不是莱茵河两岸的风光。两岸有千篇一律的废墟和干枯的葡萄园，满眼都是，结果就不好看了。我在别的地方看到过更险峻、更多样、更可爱的河岸，看到过更葱郁的森林，更茂密的植被，更美如画和更动人的景点。在我看来，河流本身才是风景中最令人惊叹的对象，尤其是从河边看去。这个巨大的水体奔流不息，为流经的地区带来美丽和生气，向我展示令人震撼的创造力。在观看它的奔流时，我把自己比作医生，在测量一个人的脉搏，好确定他的力量。河流是我们地球的动脉，在它们显示的普遍的生命面前，我静静地站着，内心满是敬畏和赞美。我觉得我是在自己的君主面前。我相信我看到了永恒，并且差不多领会到了无限。这里面有一种庄严的神秘。实际上，我对自己无法理解的，我就赞美。我的无知从崇拜中找到了安慰。正因为如此，科学对于我而言，不如对于不满足的心灵那样必要。

我简直热死了。埃姆斯流域一向闷热，多年前它的气温就升到目前的温度。昨天晚上，从莱茵河岸边回来的时候，我在树林里看到一群萤火虫，我心爱的意大利萤火虫。除了在炎热的气候下，我以前从来没有见过它们。

两天后我就出发，取道柏林去圣彼得堡。

第二封信

柏林，6 月 23 日

德国文明的特点与进步·普鲁士的新教·作为教化手段的音乐·作为俄国属国的普鲁士·路德集中体现了德国人的性格·法国驻柏林公使·叶卡捷琳娜女皇秘闻·皮尔尼茨协议轶事·家族传略·革命记忆·屈斯蒂纳将军·他儿媳的英雄气概·他的儿子·狱中凄惨的一幕·幼年时最初的印象

必须承认——尽管这样会让人类蒙羞——对大众来说，全然物质的幸福是存在的。这便是德意志，尤其是普鲁士当下享有的幸福。依靠令人赞叹的道路、海关制度和优秀的政治管理，作为新教摇篮的普鲁士，在物质文明的道路上已经走在我们前面。物质文明是种感官的宗教，这种感官的宗教把人的生理需要当作它的神。现代各国政府支持这种作为十六世纪宗教改革最终结果的精致的物质主义，这一点千真万确。如果把这些政府的努力局限于发展世俗的善，那就好像它们唯一的目的乃是要向世人证明，神的观念之于一个民族的幸福毫无必要。（作者附释：飞速消逝的三年时光，以及新的统治，已经让这句话在很大程度上不能成立。）

不过，在这个国家，指导国事管理的那种智慧和节俭，恰恰是普鲁士人引以为自豪的。他们的乡村学校办得很认真，检查很严格。在每一个村子，音乐都既是娱乐的手段，也是教化的工具。没有哪个教堂没有风琴，而且所有教区的教师都懂音乐。周日，教师会教农民唱歌，并用风琴为他们伴奏。因此，哪怕是在最小的村子，农民也能演唱过去意大利和德意志宗教音乐的杰作。这个古老而严格的流派的曲子，不是为四个以上声部写的。哪里的乡村教师身边找不出一个男低音、一个男高音和两个孩子——第一和第二女高音——来演唱这些歌曲？在普鲁士，每一个教师都是村里的赫勒[1]。这些乡村音乐会保存了对于音乐的热爱，抵消了小酒馆的诱惑，并让民众的心灵为接受宗教教导做好准备。（作者附释：这一如此优秀的制度已在普鲁士存在了那么长时间，法国难道就没有人愿意致力于在我们中间建立一个这样的制度吗？）这种宗教教导在新教徒当中已经退化为一系列注重实际的道德规范，但宗教恢复自身权利的日子不

---

1 约翰·派克·赫勒（John Pyke Hullah，1812—1884），英国作曲家和音乐教育家。（除特别说明，页下注均为译者注。）

会太远。天生具有不朽特质的存在，不会永远满足于尘世的帝国，而最懂得欣赏艺术乐趣的人，也将是最先理解神圣启示的新证据的人。因此，承认普鲁士政府做得好，准备让它的人民在上述宗教复兴——它的办法已经明明白白地向世人宣布了——中发挥作用，那反倒是公正的。普鲁士很快就会发现，它的哲学不足以带来精神上的满足。这种光荣的未来可以期待，但柏林这座城市目前还属于世界上最缺少哲学气息的国家，属于俄国。尽管如此，德意志人还是在已经展示出的娴熟的行政管理的吸引下，把思想转向普鲁士。他们认为，正是从这个地方，自己会得到那些开明的制度——许多人仍将其与工业征服混为一谈，就好像奢侈与自由、富裕与独立是一回事。

路德集中体现了德意志人的性格。他们最大的缺点就是喜欢肉体的享受。在我们的时代，没有任何东西抵制这一倾向，一切都在促进它。因此，为了全然物质的繁荣这一渺茫的希望而牺牲其自由与独立的德意志人，在注重感觉的政治体系的束缚下，在强调理智的宗教的束缚下，没有尽到他们对于自己和对于世界的责任。民族就像个人，有它们的使命。如果德意志忘记了它的使命，那错主要在普鲁士，也就是那种前后矛盾的哲学——按照对宗教客气的说法——在古代的中心。[1]

法国现在驻普鲁士的公使，拥有一个开明的现代外交官所必须具备的各种素质。他没有为了显出自己是个大人物而摆出一副神秘的样子，没有故作矜持，也没有去作毫无必要的隐瞒。人们要是不看他履行自己职责的能力，几乎想不起来他担任的职务。他对于现代社会的需要以及发展的趋势有最为妥帖和机敏的理解。他静静地走在未来的前面，但也没有轻视过去的教训。一句话，他现在成了先前时代遗留下来的、对于目前来说必不可少的少数人之一。

他和我来自同一个省。他为我讲述了与我的家族史有关的细节。对于那些细节，我原先不太了解。那些细节让我非常高兴。这一点我毫不犹豫地承认，因为我们在缅怀先辈的英勇事迹时生起的那种由衷的钦佩之情，不应当被等同于骄傲。

之前我就知道，法国驻柏林公使馆的档案室里保存了若干信件和外交照会，让世人尤其是我非常感兴趣，因为它们是我父亲的。

1792年他只有二十二岁，当时路易十六已经成为立宪君主差不多一年，大臣们选派他到不伦瑞克公爵那里执

---

1 据英译者，这些对新教的评论显然是针对德国的新教。

行一项棘手而重要的任务，目的是劝说公爵拒绝担任反法联军的指挥。人们希望，而且有理由相信，如果外国人不试图用暴力的方式干涉我国革命的进程，那对于国家和国王来说，革命所造成的危机实际上不会那么危险。

我的父亲到达不伦瑞克的时候已经太晚。公爵已经答应了。不过，年轻的屈斯蒂纳的人品和能力仍然赢得了法国的信任，他非但没有被召回巴黎，反而被派驻普鲁士宫廷，继续设法劝说威廉二世国王退出不伦瑞克公爵已经答应指挥其军队的那个同盟。

就在我父亲到达柏林前不久，法国驻普鲁士公使塞居尔先生[1]已经在这场艰难的谈判中失败了。我父亲被派去接替他。

威廉国王对塞居尔先生不好。有一次，后者回家时十分恼火，以为自己作为老练的外交官的名声受到了永久的损害，因而想要自杀。塞居尔先生自杀用的刀身刺得不是太深，但他离开了普鲁士。

此事让欧洲所有的政治首脑都大惑不解，因为当时没有任何理由可以解释，威廉国王何以会极端憎恶一个出身

---

[1] 塞居尔伯爵（Louis Philippe, comte de Ségur, 1753—1830），法国外交官和历史学家，1784—1789 年任法国驻俄公使，1791 年被派驻柏林，但不久便回到法国。

和才能都那么出色的人。我从一个非常可靠的消息人士那里听说了一则秘闻，为我们理解这件至今都匪夷所思的事情提供了某种线索。塞居尔先生以前在叶卡捷琳娜女皇那里得宠的时候，经常拿腓特烈大帝的侄子，也就是后来的国王腓特烈·威廉二世开玩笑。塞居尔先生总是嘲笑他的风流韵事，甚至嘲笑他本人，还按照当时的趣味画了这位王子及其宠爱的那些人的讽刺画，并把那些画夹在照会里送给女皇。

腓特烈大帝去世后，政治形势突变，女皇再次谋求与普鲁士结盟，而为了让新国王更快地与她联手对付法国，她把塞居尔先生的照会交给了他，当时塞居尔先生已经被路易十六任命为驻柏林公使。

在我父亲到达普鲁士宫廷之前，还有一件同样十分奇怪的事情。它有助于说明法国革命当时在文明世界激起的同情。

当时，皮尔尼茨条约草案快拟好了，但各同盟国特别希望尽可能拖延时间，不让法国知道它的具体内容。条约的备忘录已经到了普鲁士国王手里，但法国政府的代表都不知道。

一天晚上，塞居尔先生很晚才回家，而且是走路回家的。他注意到有个裹着披风的陌生人紧跟在后面。他加快脚步，那人也加快脚步。他走到街的对面，那人也和他一起走到街的对面。他停下来，那个距离很近的神秘陌生人同样也停了下来。塞居尔先生没带武器，同时担心此次遭遇可能与国王对他的憎恨有关，于是就在到了自己住所附近的时候开始跑起来。虽然他跑得很快，可追赶者还是在门刚刚打开的时候赶到了门口。他把一卷文件扔在塞居尔先生的脚下，然后就迅速消失了。塞居尔先生在把那些文件捡起来之前，先指挥自己的几个手下去追这个陌生人，但他们没能抓住他。

文件中有普鲁士国王内阁的皮尔尼茨条约方案，抄得一字不差。就这样，在暗中信奉法国的新信条的人的帮助下，法国得到了这份著名文件的第一份情报。

形势比人的才能和意志更有力量，它使得我的父亲与柏林内阁的谈判徒劳无功。尽管他没有实现自己的目标，却赢得了那些因为公务与他打过交道的人（包括国王和大臣）的尊重，甚至是友谊。就个人而言，这是对他不太成功的政治使命的补偿。

就在我父亲即将回国向政府复命的时候，他的岳母，当时是他作为法国公使出使的同一个宫廷中的法国流亡者，与他在柏林的其他朋友一起，劝他改弦更张，放弃维护宪法的事业，同流亡者待在一起，等到时机合适再报效祖国。

虽然有人预言说他一回去就会大祸临头，虽然 8 月 10 日的事件、路易十六被关进监狱以及整个法国可怕的无政府状态已经令全欧洲都陷入恐慌，但这些恳求没能打动我的父亲，也没能让他吓得不敢去尽自己的义务。他认为自己对于那些雇用他的人，以及那些他应该向其复命的人，应该尽到义务。他不顾友人的请求，信守家族古老的箴言——"恪尽职守，听天由命"——返回了正在为他准备断头台的祖国。

他发现那里的公共事务一片混乱，于是便放弃政治，加入了由他父亲屈斯蒂纳将军指挥的、部署在莱茵地区的军队。他在那里作为志愿者光荣地参加了两场战役，而在为我军打开征服之路的那位将军返回巴黎赴死的时候，他的儿子陪伴他，保护他，并一同承担他的命运。现在承蒙我们驻普鲁士公使的好意，我细细阅读的正是我父亲在柏林宫廷履行使命期间的外交通信。

这些信件是外交风格的绝好典范。从这些信件中反映出的成熟的智力、正义感、坚毅的性格、渊博的知识、思维的清晰和精确程度，如果考虑到作者的年龄，的确非常突出。当时担任法国驻维也纳公使的诺瓦耶先生在信中极力称赞这位新任外交官，预言他前途无量（那些信也保存在我们柏林的档案室）。可他怎么也没有想到，我父亲的外交生涯会那么短暂！

我的父亲在责任感的驱使下，在巴黎寻找并遭遇了死亡。有件与之有关但公众还不知道的事情，在我看来，使他的死亡有了崇高的性质。此事值得细说。不过，由于我母亲会在叙述中占据很显眼的角色，我要先讲一讲另外一个故事，谈谈她的性格。

我的游记就是我的回忆录。因此，我不在意用一段与其说与我后面要讲的话题有关，不如说与我个人有关的历史，作俄国游记的开头。

得知国王死讯的时候，屈斯蒂纳将军还与军队在一起，没有被召回巴黎。即便是当着国民公会特使的面，他也毫不掩饰自己对于此事的愤慨。这些人听到他说："我为国效力，抵抗外国入侵，但是，谁会为现在统治我们的人而战？"这些话被蒂翁维尔报告给罗伯斯庇尔，决定了将军的命运。

我母亲当时隐居在诺曼底的一个村子。得知屈斯蒂纳将军返回巴黎的消息之后，这个高尚的年轻女人认为她有责任离开自己的避难所和当时还年幼的孩子，去帮助自己的公公，而她的家族因为政见不合，数年来与他的关系一直不好。

与我分开对她来说是个巨大的考验，因为她是一个真正意义上的母亲；但是，厄运总是首先对她的心灵提出要求。

如果说屈斯蒂纳将军当初能够得救，那就要靠他儿媳的忠诚和勇气。他们的第一次见面非常感人。那个老军人一认出我的母亲就认为自己有救了。事实上，她的年轻、美貌、带有点羞怯的英雄气概，使记者、民众甚至革命法庭的法官都产生了浓厚的兴趣，以至于那些决意要处死将军的人觉得，必须首先让他的支持者中口才最好的人，也就是他的儿媳保持沉默。

不过，政府那时还没有完全抛开法律的外衣。但那些犹豫着要不要把我母亲关进监狱的人，却毫无顾忌地企图暗杀她。有几天，那些花钱雇来的暴徒，即所谓的"九月分子"，被部署在法院周围，而我的母亲虽然接到警告说她有危险，可什么也无法阻止她每天出庭旁听，并坐在她公公的脚下。她在法庭上忠诚的样子，甚至使想要害死她公公的人的心肠都变软了。

她利用庭审的间歇，私下里向委员会和革命法庭的成员求情。我父亲的一位朋友，穿着卡曼纽拉服 [1]，一般都陪着她，并在接待室等她。

在最后一次庭审中，她的样子甚至让旁听席上的妇女

---

1 法国大革命时期革命者的服装，包括大翻领、金属扣的短茄克、红背心、
红帽子和黑裤子。

掉下了眼泪，而那些人通常被称作"断头台的怒火"和"罗伯斯庇尔的织毛衣妇女"[1]。这激怒了富基耶—坦维尔，他给外面的杀手秘密下达了必须执行的命令。

被告被带回监狱之后，他的儿媳准备走下法院的台阶，独自一人——因为没人敢公开陪着她——走回远处的大街上等候她的出租马车。我的母亲在人多的场合天生有点羞怯。她站在那段长长的台阶顶端发抖，被四周愤怒的嗜血的民众推来搡去。她的眼睛不由自主地搜寻着朗巴勒夫人不久前被杀害的位置。"那是卖国贼的女儿，那是屈斯蒂纳！"暴民的这句夹杂着可怕的诅咒的叫嚷声传到她耳畔，她吓得魂飞魄散。怎么才能从这群恶鬼而非人类的中间通过呢？已经有几个人拿着出鞘的剑挡在她的面前。其他几个衣衫不整的人，让他们的女人往后退——这分明是说要杀人了。我母亲感到，只要她露出一点点软弱的样子，那就会招来死亡：她经常跟我说，她当时咬了咬手和舌头，好恢复心神，努力在此危急关头保持镇定。终于，她在人群的最前面看到一个卖鱼妇，她的外表很邋遢，怀里抱着婴儿。"卖国贼"的女儿被母爱感动了，她走近这位母亲（一个母亲不仅仅是一个女人），对她说："你怀里的孩

---

1 指在断头台行刑间隙平静地织着毛衣的妇女，意指对血腥场面习以为常。

子多可爱呀！""你抱着，"那位母亲答道，她一下子就明白了她的意思，"到了台阶下面你再还给我。"

母爱的热流一下子流过这两颗战栗的心。它也传递给人群。我的母亲接过孩子，紧紧地贴在胸前，就像是抱着护身符。

人，作为自然之子，战胜了因社会的罪恶而变得残忍的人。那些"文明的"野蛮人被两位母亲征服了。就这样，我的母亲得救了。她下来走进法院的院子，没人再骂她一句。她把孩子还给借给她的人，两人什么也没说就分手了，那地方不适合表示感谢或做出解释。她们后来也没有再见过，但两位母亲的灵魂肯定会在另一个世界重逢。

这个年轻的女人就这样奇迹般地得救了，虽然她没能救得了自己的公公。他死了，而为他的一生增添荣耀的，是这位老军人有勇气像一个基督徒一样死去。给他儿子的信证明了这种谦卑的牺牲——在一个见证过实际的罪行和哲学的美德的时代，这是所有牺牲中最困难的牺牲。走向断头台的时候，他怀抱着耶稣受难像。宗教的勇气让他的死显得很高贵，正如军人的勇气让他的生显得很高贵；但这却让巴黎的布鲁图斯[1]们大为恼怒。

---

1 布鲁图斯（Brutus），晚期罗马共和国元老院的议员，组织并参与了对恺撒的谋杀。

在屈斯蒂纳将军受审期间，我父亲对将军的政治军事行动作了冷静但有力的辩护。这些贴在巴黎墙上的辩护词，只是引起了罗伯斯庇尔对于辩护词作者的憎恨。屈斯蒂纳将军死后不久，我父亲就被关进监狱。这一时期，恐怖统治愈演愈烈：被捕即是判决，审判不过是走过场。

我的母亲得到允许，可以每天去看望她的丈夫。在确定他已经被判了死刑之后，她想尽了办法，试图帮助他逃跑。她甚至用大笔的贿赂和更大的承诺，争取到看守的女儿支持她的计划。

我的父亲个子不高，体型瘦削而优美。所以，按照计划，他会在牢里换上他妻子的衣服，而他的妻子则穿上看守女儿的衣服；看守的女儿会从另一条楼梯走到街上，囚犯和他的妻子从平常的通道一起出来，那条通道是两个女人故意经常走的。

一切都安排妥了，日子也定了。那天，我母亲在去监狱的时候，满以为那是她最后一次探监，可就在前一天晚上，国民公会发布法令，将惩罚所有帮助或默许政治犯逃跑的人。

这条可怕的法令被故意摆在囚犯们的眼前。我母亲按照约定好的时间刚一到达，就发现露易丝，也就是那个她赢得其好感和热心帮助的年轻女人，正坐在监狱的楼梯上流泪。我母亲询问后方才得知，原来是她的丈夫断然拒绝继续考虑逃跑的计划，这让她无比惊讶。我母亲担心她们已经被出卖，没有回答，转身向她丈夫的牢房走去。露易丝跟在后面，低声告诉她，他已经读过那个法令。她马上就什么都明白了。她知道他性格倔强，荣誉感很强。绝望让她几乎没有一点力气。"跟我来，"她对露易丝说，"你对他来说比我管用；他准备牺牲自己的生命，是因为不想让你的生命受到威胁。"

她们俩一起进去了。那场面不用说，想都可以想得出。这件事我母亲只勉强对我说过一次。我只想说，没有任何东西可以动摇那个年轻囚犯坚定的决心。两个女人跪倒在地：他哭泣的妻子，也就是我饱受折磨的母亲，让他想想孩子会成为孤儿；而那个陌生的女人，心甘情愿冒死为他效劳。然而一切都无济于事。在这个年轻男人的灵魂中，荣誉感和责任感比对生命的爱，比对一个温柔、美丽的女人的爱，比父爱的冲动更强烈。探视的时间就在这种无用的规劝中流逝了。最后，人们不得不把她拖出牢房。露易丝把她领到街上，我们的朋友居伊·德·肖蒙·基特里先生正在那里等候她，显然已经等急了。

"没希望了，"我母亲说，"他不肯逃命。"

"之前我就肯定他不会。"基特里先生答道。

这样的回答配得上与这样的人的友谊，它在我看来几乎和它所指的行为一样高尚。

对于这一切，世人至今一无所知。五十年前那个时代中超自然的美德就这样被淡忘了。那时的法兰西儿女不但表现出强大的创造力，还表现出特别的英雄气概。

这以后，我母亲只看望过她丈夫一次。在金钱的帮助下，她获准在判决后与他在巴黎裁判所的附属监狱道别。

有件事情打搅了那次沉重的会面。那件事非常奇怪，我犹豫再三才决定把它说出来。它就像莎士比亚那种创作悲喜剧的天才编出来的，但它的确是真的。所有的场面和情节都显得现实比虚构更为离奇。

我的母亲德尔菲娜·德·萨布朗是当时最可爱的女性之一，她对自己公公所表现出的那种忠诚，足以使她在革命编年史中占有一个光荣的位置。女性在革命中的英雄气概常常弥补了男人的残暴和狂热。

她最后一次见到我父亲时表现得十分镇静。她默默地拥抱他，与他一起坐了三个小时，当中没有说一句责备的话。或许是让他付出了生命代价的太过高尚的情操得到了原谅，他没有流露出一点点遗憾的感觉。这个不幸的受难者似乎要把他所有的力量都留着准备赴死。不过，这个被判了死刑的男人还是与妻子交流了几句。我的名字终于被提到了；这实在让人受不了，我的父亲恳求原谅，于是我的母亲没再提到我的名字。

在这些英雄时代，死亡成了一种展示。在展示中，受难者觉得不能在刽子手面前露怯，这关系到他们的荣誉。我可怜的母亲敬重她的丈夫，那么年轻，那么英俊，那么有头脑，而且从前是那么幸福，他觉得必须把全部的勇气留着应对明天的考验。那时，纵然是在一个生性羞怯的女人眼里，最后证明一下高尚的人品，似乎也是首要的责任。这一点千真万确，所以说，高尚永远是真诚的人们力所能及的事情！没有哪个女人比我的母亲更真诚，也没有谁能在艰难困苦中爆发出比我母亲更多的能量。快到半夜的时候，她担心自己再也无法保持坚强，便起身离开了。

他们见面的地方是一个充作门厅的房间，那里连着几间牢房。房间比较宽敞，只点了一支蜡烛。突然，有一扇一直没有注意的门打开了。一个男人，手里拿着一盏黑色的提灯，衣着奇特，从门里走了出来。他是个囚犯，要到别的牢房看望其他囚犯。他穿得非常滑稽，脸上涂了很浓的腮红。这个荒诞的幽灵出现在两个此时正无比绝望的年轻人面前。他们不曾想到，涂腮红不是为了让一张憔悴不堪的脸变得漂亮，而有可能是为了让一个内心骄傲的男人不至于在明天的断头台前看上去很苍白，结果他们不由自主地发出一阵响亮的、令人毛骨悚然的笑声。神经的兴奋让灵魂暂时忘却了极度的痛苦。为了隐瞒彼此的心情，他们大脑的神经已经绷紧了好长时间，而现在绷不住了。就这样，他们一下子陷入一种荒谬感，那无疑是他们唯一没有料到的情绪。他们竭力保持平静，或者说，正因为他们竭力保持平静，他们才会笑得毫无节制，并很快变成可怕的抽搐。那些卫兵在革命中经历多了，所以能理解这种现象的实质。他们同情我的母亲，这种同情超过了四年前在类似情形下不太有经验的巴黎民众对贝尔捷先生女儿的同情。我的母亲，这个还在抽搐的不幸的妻子被拖了出去。这就是这对年轻夫妇的最后一次见面，这就是我幼年时经常听到的故事。我的母亲不允许对我提起这些事情，但普通人喜欢讲述那些他们逃过一劫的灾难。除了我父母的不幸遭遇，仆人们几乎不会给我讲别的东西。我永远也不会忘记，在我刚记事的时候，这些故事给我留下的恐怖的印象。

我最初对于生活有一种恐惧感，这想必大家多少都有一点，因为各人有各人的不幸。毫无疑问，正是这种恐惧，让我在接受相关教育之前就理解了宗教。从幼年起，我便感到自己的命运被丢弃了，处于流放的境地。

再说说我的父亲。恢复平静之后，他开始专心为即将到来的严峻考验做准备，并在临近早晨的时候给妻子写了封信，信中表现出令人钦佩的刚毅。这封信连同我祖父给他的信一起，已被保存在"时代记忆"中。我父亲的死亡首先是因为责任感，责任感不允许他在柏林的宫廷做一个流亡者；其次是因为他为自己的父亲辩护；第三是因为他拒绝为了自己活命而拿一个不相识的年轻女人的性命冒险。

如果说连他的敌人都不能不充满敬意地说起他的往事，他的朋友又会是什么样的态度啊！

他的老师吉拉尔先生对他关怀备至。噩耗传来，他突发中风，差不多当场就去世了。

我的父亲言行质朴，在那个嫉妒心肆虐的时代，他的谦逊让人打消嫉妒心，为他的优点赢得了赞美。

在他的最后一夜，他肯定不止一次想到他在柏林的朋友们的预言；但我相信，即便到了那个时候，他也没有对自己的行为感到后悔。他属于那种认为生活无论前途如何光明，但与纯粹的良心相比都微不足道的人。这个国家能够培养出心中的责任感比儿女情长更强烈的男人，因此不必为它感到绝望。

第三封信

柏林，6 月 28 日

既然已经开始讲述家族的不幸，那我就把它讲完吧。革命中的这件小插曲，是由两个在革命中引人注目的角色的儿子讲述的，或许不会一点意思没有。

国内已经没有什么可留恋的了。我母亲现在除了逃命和照顾好自己的孩子，没有任何要尽的义务。

实际上，她的处境比其他逃亡的法国人差多了。我们的名声因为沾上了自由主义，所以无论是对那个时期的贵族还是对雅各宾分子来说，都一样可恶。抱有偏见、思想狭隘的旧制度的拥护者，不能原谅我的父母在革命初期参加了革命，而恐怖统治的拥护者也不能原谅我的父母带有共和主义色彩的温和的爱国主义。

吉伦特派作为这个时代的空谈家，倒是会为我父亲的事业辩护，可那一派被消灭了，或者至少是在罗伯斯庇尔获胜之后就消失了。

因此，与雅各宾派当权时的大部分受害者相比，我的母亲更为孤立。过去由于全力支持丈夫的看法，她不得不与她一直生活于其中的社交圈断绝关系，而她又不曾打算进入其他的社交圈。那些圈子一度撑起了那一时期的世界，也就是圣日耳曼郊区的世界。它们中剩下来的人，并没有因为我们的不幸而平息怒气。高等贵族听到街头谴责"卖国贼"屈斯蒂纳的叫嚷时，差点儿从自己的藏身处出来，加入《马赛曲》的合唱中。

温和的改革派对于法国的爱，跟法国人接受的政府形式没有关系。这一派现在成了一个民族，那时在国内还不具有代表性。我父亲是那个尚未诞生的民族的事业的殉难者。我的母亲当时只有二十二岁，不得不承受她丈夫的美德所带来的全部致命的后果。那种美德太崇高了，以至于不能理解它的动机的人，也没有办法理解它的崇高。我父亲积极而温和的立场，遭到他同时代人的曲解。他的妻子难以忘记他受到的冤屈，哪怕是一直到死都难以忘记。在一个被种种相互冲突的激情所撕裂的世界，因为她与一个代表了不偏不倚的名字有牵连，她就被所有的党派抛弃了。其他人可以在一起哀叹她们遭受的不公，而我母亲只能独自流泪！

在那场让她成了寡妇的灾难之后，我母亲意识到自己必须离开法国。可这需要护照，而护照很难弄到。她以准备到比利时参观的花边商人的名义，花钱买了一个假护照。按照计划，我的保姆南妮特会和我一起行动，她是我家在洛林的一个忠实的仆人，是她把我带到了巴黎。我们将取道阿尔萨斯到威斯特伐利亚的皮尔蒙特，在那里与我的母亲会合，然后一起去柏林，和她的母亲以及兄弟会合。这个计划没有告诉别的仆人，只告诉了保姆本人。所有初步的安排都做好后，南妮特和我一起出发，去斯特拉斯堡的驿站，而我母亲则留在波旁街租的房子里，准备在我们走后随即启程前往佛兰德斯。她利用走之前的最后一点时间，整理了房间里的书信文件，把有可能连累别人的烧掉。因为在那些文件中，有军队里的军官们的书信，也有已经被怀疑是贵族派的书信，足以在二十四小时之内把她自己和其他五十个人送上断头台。

她坐在靠近火炉的沙发上，急急忙忙地烧毁那些最危险的书信，并把她父母和最亲密的朋友写的书信单独放在一个盒子里，她不愿意烧掉这些。这时，她突然听到外面房间的门打开了，她预感到大事不妙，这种预感在她遇到危险时从来没有失灵过。她想："我被出卖了，他们来抓我了。"要把身边一堆堆危险的文件烧掉已经来不及了。于是，她没有多想，赶紧把它们拢在一起，连同那个盒子一起塞到沙发下面——幸好沙发的罩子一直拖到地面。

这件事做好之后，她站起身，不慌不忙地接待随即就进了房间的那些人。他们是公安委员会的成员及其随从。这些家伙的样子既可笑又可怕。他们围住她，手里拿着火枪和拔出的剑。

"你被捕了。"为首的人说。

我的母亲没有回答。

"你因为企图外逃而被捕了。"

"我是准备移居国外。"我母亲回答说。她看到自己的假护照已经在为首的人的手里，是被市政当局的执法人员从她口袋里拿走的，那些人首先想到的是搜她的身。

这时，我的母亲注意到，她的几个仆人已经跟在委员们的后面进了房间。她一眼就看出是谁告的密，她的侍女的脸暴露出良心的不安。

"你真可怜。"我的母亲对侍女说。她开始哭泣并请求宽恕，说她那样做是因为害怕。

"要是你多留意一点，"她的女主人回答说，"你会发现，我并没有让你受到什么危险。"

"你愿意关在哪个监狱？"委员当中有人问道，"你可以自由选择。"

"我无所谓。"

临走前，他们搜查了抽屉、柜子和房间里的每一件家具，所有地方都搜过了，除了沙发下面。那些文件好端端地放在那儿。我的母亲被送往加尔默罗修道院，那里已经改成监狱，它的墙上仍然可以见到 1792 年 9 月 2 日受害者的血迹。

与此同时，在国境线的关卡处等候她的那个朋友见她没来，断定她已经被捕，于是连忙赶到驿站，防止南妮特和我去斯特拉斯堡。他及时赶到了，我被带回我们的住所。我母亲不在那里了，几个房间的门都贴了封条。仆人们都遣散了，不过，她们还是有时间洗劫了家里的物品。屋里所有值钱的东西都被拿走了，而且除了看门的国民卫队，空无一人。厨房是唯一给我们留下的地方。在这里，我可怜的保姆挨着我的摇篮铺好床，像母亲一样照料了我八个月；那种忠诚，即便我是个大贵族，也不可能有人做得比她还好。

为了把我养活，用光了为旅途准备的钱之后，她就一件一件地把自己的衣服当掉。要是我的母亲死了，她就打算把我带到她自己的家乡，和她家里的一群小农民一起长大。我那时两岁，在高烧病倒之后，她设法为我请了巴黎的三个一流的医生。可怜的南妮特！她的确是既有一颗慷慨的心，又有一种敢做敢当的性格，尽管她的理智可能比不上她感情的力量。

她的无所畏惧常常使她变得十分鲁莽。在我祖父受审期间，街头的人们经常用最暴力的语言肆意漫骂"卖国贼屈斯蒂纳"。每当我的保姆听到这些咒骂，她就会在人群中停下来，让谁敢再骂屈斯蒂纳将军试试。并且她为他辩护，反驳平民的指控，坚持说她自打生下来就是他的仆人，比他们更了解他，最后还对他们以及他们的革命说了一大堆大不敬的话。因此，她不止一次在巴黎街头险些招来杀身之祸。

有一次，她抱着我经过骑兵竞技场，注意到有妇女跪在信奉无神论和残酷无情的革命烈士马拉的陵前祈祷。

由于思想的混乱——它特别反映出这个时代心灵的无序——这些妇女在祈祷完毕后站起身，向她们新的圣徒深深地鞠了一躬，并画了十字。

南妮特对这一幕十分愤怒，忘记了我还在她的怀里，就开始大骂这些新的狂热分子，而且很快就动起手来。厮打中她一直紧紧地抱着我，首先考虑的是不让我受伤。最后她倒下了，四周响起了"跟贵族一起挂路灯"的喊声。一个女人把我从她怀里抢过去，她则被人揪住头发一路拖着，这时有个男人出现在愤怒的人群中，挤到她身边，在她耳边暗示她装疯，而他会替她照顾好孩子。南妮特马上便开始唱歌，并扮出各种各样奇怪的鬼脸。这时那个好心人大声说："她是疯子！""她是疯子，她是疯子，把她放了！"其他人跟着说。她用这个办法，又唱又跳，向皇家桥方向逃去，到了渡船街又从她的救星手里把我接过去。

这次的教训让南妮特变得谨慎了些（主要是担心我），但我母亲对于她的鲁莽一直放心不下。

我母亲在牢里的时候，与几个杰出的女性狱友的交往使她得到了安慰；她们给了她最真诚的同情。这其中包括皮科小姐、德·拉梅特夫人、戴吉永夫人以及德·博阿尔内夫人，也就是后来的约瑟芬皇后。最后提到的那位女士跟我母亲关在同一间牢房，她们会彼此做一些侍女该做的事情。

除了德·博阿尔内夫人，这些年轻美丽的女性都以保持高度的勇气和刚毅而自豪。前者表现出克里奥耳人[1]所

1　常指出生于美洲的欧洲人及其后裔。

有的缺乏思想的特点，常常显得优柔寡断、焦躁不安，令其不幸的伙伴们感到脸红。她虽然没有高尚的品德，可天生就很优雅。有优雅就行了，其他什么都用不着。她的仪态，她的举止，尤其是她说话的方式，有一种特别的魅力。

与这一时期的监狱生活有关的许多奇怪的细节，已经有人写过了。要是我母亲有回忆录留下，它们会向公众披露一些仍然不为人知的特点和发生过的事情。在这座古老的加尔默罗修道院的女犯人中，有一个英国女人，又老又聋，而且差不多已经失明。她根本就不知道自己为什么会被关进来。为了弄明白这个问题，她一有机会就向别人打听。刽子手是最后一个回答她询问的人。

与这个英国女人关在同一间牢房的，是一个表演木偶戏的男人的老婆。他们说，他们之所以被捕，是因为他们的木偶太贵族化了。那个女人对于已经垮台的大人物怀有很深的敬意，这种感情让贵族出身的囚犯从她那里得到的尊重，比她们以前在自己家里得到的还多。

这位平民心甘情愿地伺候她们，热心地做一些杂活，而且乐此不疲。要是不做出恭恭敬敬的样子，她决不会走到她们跟前。最后向这些声名显赫的同伴告别，和丈夫一起上刑场的时候，这个可怜的女人一刻也没有忘记使用那些她平日里已经说惯了的过时的敬语。

男女囚犯都会在某个时间到花园之类的地方放风，男人们会在那里的犯人酒吧消遣。革命法庭传唤犯人通常就是在这些娱乐的时候。如果被挑出来的那个人正在做游戏，他会简单地向朋友说声再见，之后人们会接着玩！这座监狱就是一个微型的世界，罗伯斯庇尔是这个世界的神。有什么会比这种对天道的拙劣模仿更像是地狱？

在牢里关了五个月后，我的母亲目送着博阿尔内先生被送上断头台。他从她身边走过的时候，送给她一个镶在戒指上的带有阿拉伯纹饰的护身符。以前她一直戴着，现在戴在我身上。

那时的时间不再是按周算，而是十天十天地算。第十天叫作戴卡迪[1]，相当于我们的周日，因为在那天，他们既不工作也不上断头台。因此，到了那天，犯人们可以确保能活过二十四小时；这意味着还可以活很长时间，所以在监狱里，这一天总是被当作节日。

这就是我母亲在她丈夫死后的生活，在恐怖统治的最后六个月一直如此。考虑到她的亲属、她的名声和她被捕时的情形，她那么长时间没有被送上断头台真是很神奇。有三次她被从监狱带到她自己的住宅，调查她的人当着她

1　按照法国大革命后采用的共和历，每旬的第十天为休息日，称为戴卡迪（décadi）。

的面进行搜查，在抽屉和柜式写字台里找到的每一份无关紧要的文件都要盘问她。房子里的每个角落都搜过了，唯独没有检查沙发。它会被漏掉，可真是天意。不难想象，每当他们走近那个地方，她的心都会禁不住乱跳。她过去常对我说，她一点都不敢朝那个要命的沙发看，可她同样害怕自己的目光看上去像是在刻意逃避。

这还不是她落难时天主在保佑她的唯一标志。当时，那些掌握她命运的人的态度被一种无形的力量软化了。

指挥搜查的是该部门的十二个成员。他们最后总是会对犯人进行长时间的盘问。她第一次被盘问的时候，主持革命陪审团的主席是一个小个子驼背鞋匠，又丑又歹毒。这人在一个角落里找到一只鞋，说那是用英国的皮子做的。这个罪名很重。我母亲起初坚称皮子不是英国的，但那个鞋匠主席坚决认为是的。

"有可能是的，"我的母亲最后让步了，"你应该知道得比我清楚。我能说的是，我从来没有从英国弄来任何东西。"

他们把它穿在她的脚上，结果正合适。"谁给你做的鞋？"主席问道。她说了名字，那是革命初期很早时的一个鞋匠。

"一个坏爱国者。"嫉妒的驼背说。

"一个好鞋匠！"我母亲说。

"我们会把他关起来，"主席说道，"但这个拥护贵族统治的家伙躲起来了，你知道他在哪儿吗？"

我母亲说不知道，并且说她即使知道也不会说。

她勇气十足的回答与她羞怯的神态形成了奇怪的反差；这些既滑稽又悲哀的场面，使她不由自主地说出讽刺的话；她的美貌；她的年轻；她的丧服；她脸上既倔强又无奈的表情；她在不经意间流露出的高傲的样子；她从容优雅的举止；她已经在全国传开的名声；她在厄运中仍然保持的尊严；她说话时美妙绝伦的声音；以及最后，女人总是想讨人喜欢的天性（它是与生俱来的，因而也是自然的，总是能取得成功）——这一切都有助于赢得审判者的好感，尽管那些人心狠手辣。总之，除了那个小个子驼背，所有人都同情她。

我母亲的绘画才能很出色，尤其擅长肖像画。在接受盘问的间隙，为了打发时间，她就给周围的人画像，几分钟就可以把她是其中主要人物的那幅可怕的画面，画出一张不错的速写。

有个石匠师傅名叫热罗姆，是当时最狂热的一个雅各宾分子，这一次也在场。他从我母亲那里拿过速写，又递给其他人。每个人都认出了自己，并全都拿那个主席寻开心。后者要是生气，那对我母亲可是致命的；然而，正是她这一次的冒失拯救了她的性命。

那幅画跟和她案子有关的其他文件搁在一起。那个叫热罗姆的石匠对她的敌意最强烈，每次对她说话都用的污言秽语。热罗姆有可能比较残忍，但毕竟年轻。他被她浑身散发出的魅力迷住了，他想要救她，不让她被送上断头台。

他可以随意进入公诉人富基耶—坦维尔的办公室，那里有个文件匣，文件上写有巴黎全部犯人的姓名。那些文件是用来登记当天处决的犯人的，数量常常达到六十或八十，而公开展示的杀人场面，则成为巴黎人主要的娱乐项目。对牺牲品的选择一般不需要太费心，名字摆在最上面的就是最先被处死的。热罗姆对这个性命攸关的匣子很熟悉：六个月来，他每晚都要进入办公室，偷偷地把写有我母亲姓名的文件摆到匣子的底层，或至少保证它仍旧放在底层。如果有新文件放进来，它们会被按照某种分配正义放到最下面，那样一来，所有名字都会依照次序排列。热罗姆要不断地把我母亲的文件找出来，并把它重新放到匣子底层。

我现在只是复述我经常亲耳听到热罗姆讲的事情。他告诉我，夜深人静的时候，他常常返回那个办公室，因为他担心可能会有人在最后把文件的顺序弄乱，而我母亲的性命全系于那个顺序。事实上，她的名字有一次就出现在那堆文件的上面，热罗姆哆哆嗦嗦地再次把它放到其他文件的下面。

无论是我还是听过这个可怕的故事的朋友都不敢问热罗姆，他为了我的母亲而加速了他们死亡的那些受害者的名字。我母亲直到从监狱里出来，才知道是这个办法救了自己的性命。

到了热月9日，囚犯几乎被清空了，富基耶—坦维尔的匣子里只剩下三张文件，而且不太可能再有许多放进来。公众开始厌倦革命广场上的血腥场面，而罗伯斯庇尔及其心腹的计划是在监狱里搞大屠杀，消灭旧制度的各个家族。

我母亲经常对我说，一想到会以这种方式被杀，她的情绪就很低落，因为她本来是下定决心要死在断头台上的。

在恐怖统治的最后几周，加尔默罗监狱的老看守被一些更凶恶的人换掉了，换的这些人是准备帮助实施秘密处决的。他们没有对受害者隐瞒要处死他们的计划。监狱的管理变得更严了，探监的人不允许再进来。犯人们听到的远处的任何声音在他们看来都是大屠杀的信号，每个夜晚在他们看来都是最后的夜晚。

罗伯斯庇尔倒台的那天，这种提心吊胆的痛苦终于解脱了。

有些人在回顾恐怖统治的历史时讲了一些非常细微的内容，他们声称罗伯斯庇尔之所以倒台，只是因为他比自己的对手好。

不错，他的同伙是直到开始担心自己性命的时候才变成了他的敌人，但他们在拯救自己的同时也拯救了法国，因为，假如罗伯斯庇尔的计划得逞，法国就会变成野兽的巢穴。热月9日的革命是一帮匪徒的叛乱，这一点也不错。但他们的首领成了他们阴谋的牺牲品，这一事实并不能让他变得更值得尊重。如果不幸可以为犯罪辩护，那良心怎么办？无原则的宽宏大量会毁掉公道。那是一种非常危险的态度，因为它诱使高尚的心灵误入歧途，让他们忘记一个好人应该优先考虑的是正义和真理。

有人说罗伯斯庇尔不是天生就残酷无情。可那又怎样？他是一个被嫉妒心驱使着可以做任何事的人。此人在革命前的社会状态下受到了他应该受到的羞辱，在这些羞辱的滋养下，嫉妒心使他萌生了复仇的念头。这种复仇是如此残暴，就连他卑劣的灵魂和冷酷的心肠都几乎不足以让我们相信他能够得逞。用鲜血来书写，用人头来计算，这就是罗伯斯庇尔政府的统治下法国遭受的政治算术。如今的法国表现得更糟，它听信那些想为他辩护的人。

把凶手的冷静和不可告人的计划拿来作为杀人的借口——这使它更加令人憎恶——是在助长我们时代中最急需关注的一种祸害：对人的判断力的曲解。如今人们在虚假的敏感的支配下做出决定的时候，继续抱着一种是非不分的不偏不倚的态度。他们为了按照自己的喜好安排地球上的事情，一举取消了天堂和地狱。

这就是我们生活方式的所谓进步制造出的谬论。这种进步只不过是一种极端的道德冷漠，是根深蒂固的宗教怀疑，是愈演愈烈的贪图感官上的满足。但是要有耐心，这个世界此前已经从一种比较绝望的状态中恢复过来。

热月9日过后两天，巴黎的大部分监狱都空了。德·博阿尔内夫人通过塔利安[1]的关系成功出来了；戴吉永夫人和德·拉梅特夫人也很快被放了。我母亲几乎是唯一留在加尔默罗监狱的人。她看到患难中的贵族同伴把地方腾给了恐怖统治的拥护者。恐怖统治的拥护者在政治革命发生之后，每天都在与他们的受害者交换位置。我母亲的朋友和亲人已经各奔东西，没有人想起她。热罗姆作为罗伯斯庇尔的朋友，此时反过来成了不受法律保护的人，他不得不藏起来，无法再帮助她。

---

1 让—朗贝尔·塔利安（Jean-Lambert Tallien, 1767—1820），法国大革命时期的政客，热月政变的关键人物之一。

就这样，她有两个月一直无人过问，感觉像是被遗弃了。那种感觉，她常对我说，比之前的提心吊胆还要难受。

党派斗争还在继续，政府仍有落到雅各宾派手中的危险。要不是布瓦西·当格拉的勇气，杀害费罗就成了第二次恐怖统治的信号，那会比第一次还要可怕。这一切我母亲都知道；我的疾病也增添了她的痛苦，虽然她不知道我的病情如何。

最后，南妮特的悉心照料挽救了我的生命，她又认真开始营救她的女主人。她去了一个叫迪勒的瓷器制造商的家里，为的是找这个富商雇佣的大约五十个我们省的工人商量；他们以前在孚日山脉脚下尼德维莱的一个瓷器厂干活，而那个厂是我祖父办的，后来连同他的其他财产一起被没收了。

南妮特找的就是这些人——她的父亲马尔雷也在其中——要他们关心他们以前的女主人的命运。

他们很热心，在南妮特起草的请愿书上签了字——南妮特对洛林地区的德法混合语既能读也会写。她亲自把这份文件送给了勒让德尔。他做过屠夫，那时是局长，为囚犯请愿的请愿书就递到那个局。南妮特的文件被接收了，并和大量类似的请愿书一起扔在一边。

一天晚上，三个跟勒让德尔有联系的年轻人来到局里。

他们喝了不少酒，为了取乐，便在桌子上追逐打闹。在玩耍的过程中，四周有些文件被弄乱了。有人跌倒了，被一个同伴扶起来。"你拿的是什么？"其他人问道。

"我想是请愿书。"被问到的那个人叫罗西尼厄，他回答道。

"是的，但是，是为了哪个犯人？"

他们让拿灯来。灯还没到的时候，三个头脑发热的年轻人一起发誓，要在那天晚上让勒让德尔签字放了那个被关押的人，不管他是谁，而且要在同一个小时之内向他宣布，他自由了。

"我发誓，哪怕是要释放孔代亲王。"罗西尼厄说。

"毫无疑问，"其他人大笑着说，"他不再是囚犯了。"

他们读了请愿书，那是南妮特口授的，并由尼德维莱的工人在上面签了名。

"多么幸运哪，"几个年轻人嚷嚷着，"可爱的屈斯蒂纳，第二个罗兰夫人！我们一起去把她从牢里接出来。"

勒让德尔凌晨一点回到家中，跟别人一样也喝多了。要求释放我母亲的请愿书由三个晕乎乎的年轻人递了上去，并由一个醉醺醺的男人签了字，结果在凌晨三点，前面说的那三个人就奉命去打开她的监狱大门，敲响了她牢房的门。

她那时是单独睡的，所以既不开门，也不同意离开监狱。

她的解放者竭力向她解释他们的来意，但她拒绝了他们所有的恳求。她害怕在半夜里跟几个陌生人一起坐上出租马车，他们能从她那里得到的仅仅是要在十点的时候回来。

当她最终离开监狱的时候，他们原原本本地给她讲了她是在什么情况下被释放的，尤其是要向她证明，她不用为此感激任何人。因为在那时，放人的买卖是由某些阴谋家操纵的，他们经常要从被释放的、已经被革命弄得倾家荡产的人那里敲一大笔钱。

有个有身份而且跟我母亲是近亲的女士，不知羞耻地向我母亲索要三万法郎，说那是为了把她放出来行贿花掉的。我母亲在答复时只是讲了罗西尼厄的故事，而且再也不看她的那个亲戚了。

她回到自己的住宅时，看到的是怎样一幅景象啊！房子空荡荡的无人居住，封条还在门上，我住在厨房里，而且由于一场差点要了我性命的疾病变得又聋又呆。我母亲在断头台的恐怖面前能保持坚强，但面对这样的惨象，她倒下了。回来的第二天，她得了黄疸病，病了五个月，肝脏受到损害，这使她一生都受到折磨。

第六个月的月底，她丈夫的小部分没有被卖掉的财产又还给了她。那时我们两个身体都恢复了。

"夫人以为她出狱后一直是靠什么生活的？"南妮特有一天问道。

"我不知道，你肯定是把盘子、织品或者珠宝卖了。"

"根本就没剩下什么可卖的。"

"那是靠什么？"

"是靠热罗姆每周寄给我的钱，还让我不要跟夫人提起这事，但现在她能还钱了，我要跟她说实话。"

当这个男人和恐怖统治的拥护者一起失去法律保护的时候，我母亲很乐意救他。她把他藏了起来，并帮他逃往美国。

执政府统治时期，他回来了，带着在美国赚到的一小笔钱，并靠它在巴黎做投机生意发了财。我母亲待他像朋友，她的家族对他也非常感激，但他永远不会成为我们社交圈中的一员。他时常对我母亲说："在你一个人的时候我会来看你，你总是很友好地接待我，因为我懂你的心；但你的朋友会把我看作某种奇怪的动物；跟他们在一起我不自在。我和你的出身不同，我不可能像你那样说话。"我母亲始终是他忠诚的朋友。他非常信任她，经常把他家里的烦心事告诉她，但从来不谈政治或宗教。他在我小时候就死了，大概是帝国初期。

我可怜的母亲在与贫困的斗争中度过了生命中最美好的时光。那条命能够保住，真是很神奇。

至于我祖父的大笔财产，留给我们的只有债务。政府没收了财产，但是把偿还债务的重担交给了已经被剥夺了能力的人。

我母亲有二十年时间都花在能使人破产的官司上，为的是给我收回一些财产。我母亲是我的监护人。她对我的爱使得她没有再婚。此外，因为她的丈夫是死在刽子手刀下，她觉得自己不能像其他女人那样自由行事。

我们复杂而又混乱的事务成了她的痛苦之源。我们一直徘徊在恐惧与希望之间，同时还要与贫困作斗争。有时，财富似乎触手可及；有时，某些出人意料的反转，某些法律上的骗局，剥夺了我们的所有希望。如果说我对高雅的生活还有点兴趣，那要归功于我少年时的贫困。

被释放一年后，我母亲拿到了去瑞士的护照。她的母亲和弟弟在那里等她，因为他们不敢进入法国。

他们的会面是个安慰，尽管它勾起了痛苦的回忆。

德·萨布朗夫人对于能够再次见到自己的女儿这件事一度已经不抱希望。因此，这次见面可谓是兑现了那首叫《玫瑰》的民谣，它那时红遍了欧洲。

我的外祖母因为是移民，在恐怖统治期间不能给自己的女儿写信，便设法把这些优美动人的诗篇传给了狱中的她。

我栽下它，我看到了它的绽放
让—雅克作曲

1.
它是我的，因为是我把它带到世间。
这俊俏的玫瑰花，只拥有短暂的快乐！
它不得不将自己掩藏，也许
有生之年，我将再难见它。

2.
美丽的玫瑰不得不屈服于暴风雨：
羸弱的身躯已不再撑得起愤怒织就的甲衣；
你的头颅只得在悲商低垂，
若非如此，华将安在？

3.
不管你在心中将我想象成谁，
也不管你把我说成是谁；
在我眼中，你周身只有荆棘环伺，
除你之外，断无别的玫瑰。

4.
我的欢愉，我的荣耀，
以及我的快乐和幸福；
将不会沉没在我记忆的深渊：
汝之根脉，系我心间！

5.

玫瑰呀玫瑰，护好你的枝叶，

要永远美丽，生机盎然，

尽是为了在风暴过后

用你的红艳照亮我的冬天。

愿望实现了，玫瑰花开了，团聚在一起的孩子们又拥在他们温柔的母亲的怀抱。

此次瑞士之行是我母亲一生中最幸福的时光之一；我的外祖母是她那个时代最出色、最和蔼的女性之一。我的舅舅埃尔泽阿·德·萨布朗伯爵虽然比我母亲年轻，却拥有优秀而早熟的才智。

拉瓦特尔[1]是德·萨布朗夫人的朋友。我的外祖母把女儿带到苏黎世，想把她介绍给这位当时的哲人。那个伟大的相士看了她的面相，转向德·萨布朗夫人说："哎呀，夫人，您是个多么幸运的母亲啊！您的女儿清澈透明！我从来没有见过如此诚挚的面相，我能看穿她的面孔！"

返回法国之后，她专心做了两件事，即要回我的财产和指导我的教育。我之所是和我之所有都要归功于她。她还成了一个由杰出人士组成的圈子的中心，那里面有一些

---

1 约翰·卡斯帕·拉瓦特尔（Johann Kaspar Lavater，1741—1801），瑞士诗人、作家、哲学家。

我国一流的人物。夏多布里昂先生是她一生的朋友。

她在绘画方面的才能几乎赶得上一个画家，她没有哪天不把自己关在画室里几个小时。她不爱这个世界，它令她感到害怕、疲倦和厌恶。她太早看到了它的深渊。尽管如此，她生来就有并且一直保持着只有更顺利的人才拥有的那种美德——慷慨大度。

她在社交中的羞怯在她家族里是出了名的。她的弟弟过去常说，她对沙龙比对断头台还恐惧。

整个帝国期间，她和她的朋友站在反对派一边。当甘公爵死后，她从不拜访马尔迈松，也不再看望波拿巴夫人。

1811年，她和我一起到瑞士和意大利旅行。这次她一路陪着我，或骑马，或徒步，越过了阿尔卑斯山的一些最危险的隘口。

我们在罗马一个非常惬意的社交圈中过了冬。我母亲不再年轻了，但她古典、优雅的容貌给卡诺瓦[1]留下了强烈的印象，而她也非常欣赏卡诺瓦高贵的人品。有一天，我对她说："依照你的罗曼蒂克的想法，要是你嫁给卡诺瓦，我也不会奇怪。"

"不要担心，"她回答说，"如果他不是伊斯基亚侯

1　安东尼奥·卡诺瓦（Antonio Canova , 1757—1822），意大利著名雕塑家。

爵，我倒是想的。"

我很幸运她一直活到 1826 年 7 月 13 日。她和波拿巴死于同一种病。这种病的病根早就埋下了，我妻子和我唯一的孩子的去世所带来的痛苦，加快了她病情的发展。

正是为了向我母亲表示敬意，德·斯塔尔夫人——她对我母亲很了解并给了她温暖的爱——给自己第一部爱情小说中的女主人公起名为德尔菲娜。

她在五十六岁的时候依然非常美丽，就连在她年轻时不认识她、因而不会被记忆中的那种魅力所吸引的人都印象深刻。

第四封信

吕贝克，7月4日

就俄国人性格中的奇怪之处在吕贝克的谈话·从柏林到吕贝克的旅
程·想象中的灾祸·特拉夫蒙德·北方的地貌特征·荷尔施泰因的
渔夫·景色单调的庄严之处·北方的夜晚·正是文明让人更加赞美
自然的景色·俄国的大草原·"尼古拉一世"号汽船的失火·从什
未林到吕贝克的道路·一位德国政治家·在特拉夫蒙德洗海水浴的
美女·沉思

今天早晨在吕贝克，旅店店主听说我要去俄国，便进了我的房间，带着一副令人发笑的同情的样子。这人说话的声音和法语的发音方式，一开始让人以为不过如此，实际上他机灵和风趣得多。

听说我只是去游玩，他便开始用德意志人那种愉快而质朴的口气，劝我放弃我的计划。

"你对俄国熟吗？"我对他说。

"不熟，先生，但我跟俄国人熟，路过吕贝克的俄国人很多，我是从其人民的面相来判断这个国家的。"

"那你从他们的表情中发现了什么，所以不让我去看看他们？"

"先生，他们有两副面孔。我说的不是仆人，仆人只有一副，我说的是贵族。当他们到了欧洲，他们是快活、轻松、满足的样子，像是脱缰的马或出笼的鸟，男女老少全都跟放假的学童似的高兴。同样是这些人，当他们回去的时候，就会吊着脸，垂头丧气，说话又少又冲，一副苦相。我由此推断，他们离开时那么高兴、回去时那么遗憾的国家，是一个糟糕的国家。"

"也许你说得对吧，"我回答说，"但你的话至少向我证明，俄国人不是人们说的那种把想法藏在心里的人。"

"他们自己人在一起是那样，但他们不会不相信我们这些诚实的德意志人。"店主一边说一边露出会意的微笑，退了出去。

当时我想，这人生怕被当成一个好脾气的傻瓜：他必须亲自旅行才知道，旅行家（他们的观察常常是浮光掠影的）对于各个国家的描述，通常会在多大程度上符合这些国家的性格。每个单独的个体都不符合既有的、有关其国家的人民的一般看法。

难道巴黎的女人不想变得质朴而自然吗？在这里可以说，就没有比俄国人和德意志人的性格更截然相反的东西。

我从柏林到吕贝克的旅程很郁闷。一种想象中的麻烦

（至少我仍然希望它没有任何根据）使我变得烦躁，这种烦躁比有充分根据的麻烦更令人不安。

想象力十分擅长自己折磨自己。要是不弄清楚为什么在同样的情况下，那些我在乎的人在我看来处境危险，而那些我不在乎的人却平安无事，我就会死掉。我这人爱胡思乱想。有个亲密的朋友答应过再给我写信，让下一个信使带来，之后便杳无音信，这在我看来，突然就成了某种证据，说明大事不妙。心中一旦有了这种想法，就挥之不去；我自个儿的马车里到处都是幻影。当灵魂处于这种狂热的状态时，一旦心生恐惧，恐惧就被当成了现实。一切皆有可能，因此，不幸是毫无疑问的。就这样，正是那种绝望的情绪做出了推理。谁没有感受过这种折磨呢？可谁都不像我感受得那么频繁，那么强烈。唉，正是心灵的烦恼使得我们害怕死亡；因为死亡只是结束了肉体的烦恼。这一切都是梦，然而梦是警告：梦境之于我而言，比现实还要现实；想象出来的幻影与产生它们的心灵之间的关系，要比心灵与外部世界的关系更密切。

今天早晨，野外的新鲜空气，美丽的天空，特拉夫蒙德的波罗的海边平坦而宁静的海滩，平息了我内心这些不祥的预感，并如同魔法一样，驱散了过去三天来一直折磨着我的梦幻。这不是因为我作了明智的反思——理性怎么能抗衡超自然力量的影响呢？但是，厌倦了没来由的恐惧的我，能把心重新放下也没来由。所以说，这种平静不可能是安全。对于祸事的担心来得毫无道理，去得也毫无道理，这样的担心还会再现。一句话、一片云、一只飞鸟，都可以让我完全相信，我根本就没有权利放松。但同样的证据也可能会使我相信，我感到不自在是不对的。

特拉夫蒙德过去十年来一直在进步，而且这种进步没有让它变味。吕贝克与大海之间已经修筑了一条非常漂亮的道路，一条浓密的林荫大道。在林荫大道的树阴下，左马驭者带着你穿过稀稀拉拉分散在田野中的果园和村庄，前往河口。在别的海岸，我都没有见过这么美丽的田园风光。市镇虽然充满活力，周围却是宁静的农村。那是与海平面齐平的草地。草地上有牧场，无数的牛羊使之生机勃勃。牧场一直延伸到绿色的草场浸泡在咸水中的地方。

这里的波罗的海就像一座湖，湖滨显出超自然的宁静。在惬意的树阴下，人仿佛置身于维吉尔的乐土。看见波罗的海，尽管它有风暴和礁石，我却有一种安全感。那些最危险的海湾，传递给想象力的不是浩瀚无垠的印象，而是伫立在大洋边缘时使人心生敬畏的无限的观念。

羊铃的叮当声混合着特拉夫蒙德港口中汽船上的铃

声。在这个大多数人依旧过着田园生活的地区，这猛然使人联想到现代工业的声音在我看来有一种淡淡的诗意。这个地区让人心中涌起一种恬静感；它让人远离时代的纷扰，而且尽管放眼望去一片平坦，四通八达，人们却觉得它像是在难以涉足并且人心还未败坏的岛上一样遗世独立。在这里，恬静是必然的——心灵睡着了，时间之神也收起了它的翅膀。

荷尔施泰因和梅克伦堡的人有一种沉静之美，这与他们平缓的土地、宁静的外表，以及寒冷的气候是一致的。脸颊的颜色，平坦的地表，单调的习惯，完全相同的地貌，这一切十分和谐。

渔夫们冬天的日子很艰难，他们要越过海边三里格[1]的冰面才能来到海上。冰面常有裂缝，从上面跳过去很危险，不过，日子艰难也给单调的生活带来了某种刺激。没有这种冬季的运动，沿岸居民就会在自家小屋的角落里裹着羊皮发蔫。在这片上好的海滩上，洗海水浴的人很多，农民在夏天可以从中得到一笔收入，足以在这一年余下的日子里用来购入生活的必需品，而且不用冒太多的风险，也不用过于劳累；但是，人类所需要的可不仅仅是生活必需品。

---

1 里格（league），旧时长度单位，一里格大约相当于五公里。

在特拉夫蒙德人当中，所有的非必需品都要靠冬季捕鱼来获得。在那个严酷的季节，他们自愿面对的危险使他们得以满足一些更雅致的爱好，比如给情妇送耳环或金项链，或者给自己买缎子领巾。总之，特拉夫蒙德的渔夫之所以冒着生命危险与波涛和冰块搏斗，不是为了吃的，而是为了把自己以及自己所爱的人装扮得更漂亮。如果他没有超出纯粹的动物性，他就不会面对这种无谓的危险，因为对于享受的需要乃是出于我们本性中比较高贵的部分，因而也许只能靠更加高贵的情操来加以克制。

我喜欢这个地方，虽然它的外表千篇一律。这里植物茂盛，时至 7 月 5 日，草木仍郁郁葱葱，山梅花刚开始绽放。太阳在这些懒洋洋的气候区 [1] 就像个大老爷，起得晚，而且只露面了很短的时间。春天的影响要到 6 月份才显露出来，那时候，白天又开始变短。但是，如果说夏季是短暂的，那白天则很长，然后，某种极端的宁静便主宰了整个大地——在那片土地上，几乎看不到接近地平线的太阳，天空本身成了主要的对象。这片土地与海面齐平，几乎挡不住涨潮的海水，可它不仅躲过了社会的动乱，也躲过了

1　根据英译者的注释，作者接下来的一番话，似乎说的是波罗的海一般的气候，而不是他刚刚描述的波罗的海南岸的气候，所以有些话不符合那里的情况。

自然界的革命。看到它，我们的内心不由得生起那种在凝视处女面庞时体验到的赞美之情。相比之下，它就像田园诗纯粹的魅力之于我们的喜剧和浪漫剧中艳俗的装饰物。它不是美如画的，而是乡村的和田园的，但不是在欧洲其他地方见到的那种乡村的或田园的。

十小时的暮光使夜晚的散步变得十分怡人。此刻万籁俱寂，好似生命停滞、感觉消失，我的思绪飞升到大地之上，沉浸于对北方黯淡星辰的冥想。

但是，要体会到这些幻觉的魅力，我们必须来自远方。只有文明的陌生人才能充分地欣赏自然。当地的乡下人并不像我们那样享受他们周围的世界。社会的一大好处是让城市居民意识到乡村之美。正是文明教会我们喜欢上被自然注定了要为我们保留原始生活画面的那些地区。我逃离沙龙，逃离交谈，逃离高级旅店和好走的路，总之，逃离所有那些让出生在半野蛮社会中的人们好奇或羡慕的东西。我讨厌大海，但明天我就会乘船。我会高高兴兴地、勇敢地面对由此带来的所有困难，只要它能带我驶向沙漠和大草原。啊，大草原！单是这个东方的字眼就让人联想到未知的世界和奇妙的事物；它唤醒了我心中的欲望，这欲望暂时代替了青春和勇气，同时还提醒我，我来到这个世界，就是为了旅行，而这就是我的宿命。我承认好吗？要不是为了俄国的大草原，我或许根本就不会进行这趟旅行！

我的马车已经上了邮轮。俄国人说那是世界上最好的汽船之一，他们称之为"尼古拉一世"号。就是这艘船，去年从彼得堡到特拉夫蒙德的时候失了火。它作了整修，那以后已经航行过两次。

有些迷信的人害怕厄运会再次降临到这艘船上。我不是水手，我不赞同这种富有诗意的恐惧，但我尊重所有类型的无害的迷信，因为无害的迷信源自崇高且令人愉快的事物，它们与信仰和恐惧有关，是所有虔敬的基础，就连对它的滥用也将人列为宇宙间所有存在物的最高等级。

了解了"尼古拉一世"号失火的详情之后，皇帝解除了船长的职务。船长是俄国人，船上起火时他正在船舱里玩牌。但他的朋友为他找了借口，或者更确切地说是表扬了他；说他得知险情之后，便私下里命令把船驶向梅克伦堡海岸的一处沙洲。他的目的是，除非万不得已，否则不去惊动乘客。船刚刚搁浅，火就一下子烧了起来。大部分乘客都得救了，这主要是归功于一位不知道姓名的年轻法国人的英勇努力。现在是一个荷兰人接替了俄国船长的位置，但据说他指挥不动他的船员。外国只会把不想要的人借给俄国。我明天就会知道这个人怎么样了。对船长评价最准确的莫过于水手或乘客。对于生命的热爱——那种爱强烈而合理——可以引导我们对那些我们将自己的生命托付给他们的人做出准确的评价。

我们漂亮的轮船吃水太深，到不了彼得堡，所以我们要在喀琅施塔得换船，两天后，马车会在那里乘第三艘船，跟在我们后面。这有点讨厌，但好奇心战胜了一切，而好奇心是旅行家首先得具备的条件。

梅克伦堡在进步。一条大道从路德维希斯鲁斯特通到什末林，现在那里的大公趣味高雅，重建了他的宅邸。古老的什末林美丽如画，湖泊、山丘、森林和古老的宫殿为风景增添了秀色，而且这座城市在历史上很有名。这一切都是路德维希斯鲁斯特所没有的。

假如你想了解一下中世纪原始落后到什么程度，那就在这座古老的城市，梅克伦堡大公国的首府，登上一辆马车，把邮件送往吕贝克。如果已经连着下了二十四小时的雨，那你肯定会困在半路：也许是陷在沟里，若是不破坏马车或者把马车翻过来，你就没有办法从车里出来；还有被淹没在泥潭里的危险。这是从什末林到吕贝克的所谓"大路"，十六里格无法通行的路。

要想在德意志安全旅行，就必须懂得法语，而且不要忘了大路和马路[1]是不同的。一旦离开马路，你就会倒退三百年。

不过，这条路是由柏林的某某大臣向我推荐的，而且是以一种相当有趣的方式。

"到吕贝克去走什么路好呢？"我问他。

"路都很差，"那位外交官回答说，"但我建议您走什未林的那条。"

"我的马车是轻便的，"我答道，"要是它坏了，我就赶不上邮轮。如果您知道更好的路线，我倒愿意走，哪怕是长一点。"

"我只能说，"他打着官腔说，"我向某某阁下（他的君主的侄子）推荐的也是这条路线，您最好跟在他的后面。"

"王公们的马车，"我回答说，"就跟他们本人一样，也许享有特殊的待遇。王公们拥有钢铁般的意志，像他们那样整年过的日子我一天也不想过。"

对于这些话，他没有赏脸回答。如果不是那位德意志官员觉得这些话带有煽动性，我根本不会觉得它们有

1　根据英译者的注释，大路（grande route）可被认为是指该国旧的、宽的并且没有改造过的道路；马路（chaussée）是指比较新的道路，它们普遍加高了，有排水沟，而且养护得很好。

什么恶意。

这个严肃而谨慎的人，对于我的放肆感到很苦恼，趁着还没有明显发作赶紧离开了我。有些德意志人是天生的臣民，他们在成为人之前就成了侍臣。我不禁觉得他们的恭顺和礼貌很可笑，尽管我更喜欢这种特质，而不喜欢我责备的法国人身上那种相反的倾向。但是，荒谬感总是对我有着强烈的影响，所以我仍然无所顾忌地笑了起来。这里我要补充说一下，吕贝克和什未林之间不久便开通了一条道路，一条真正的"大路"。

那个在特拉夫蒙德洗海水浴的可爱的女人，我们叫她蒙娜丽莎，她是结了婚的，有三个孩子。我到她家里去看过她。在越过她新居的朴实无华的门槛时，我的心里既忧伤又羞怯。她盼望着我的到来，并且带着北方人特有的那种自然而然的风情——她们表面上很平静，其实既亲切又多情——脖子上戴着我十年前给她的小礼物。这个迷人的女人才三十四岁就已经得了痛风！看得出她曾经很美，但也仅此而已。美丽无人欣赏便迅速凋零，因为它没有用。丽莎有丈夫，很丑，还有三个孩子，其中一个是男孩，几乎成天泡在海里。想着这一家人，想着十年前的丽莎，我仿佛头一次意识到人生是一个谜。在她的小屋里，我感到喘不过气来，尽管它干净而整洁。我出去透了口新鲜空气，反复对自己说："只有生活必需品，其实就是一无所有。在宗教里寻求安宁的灵魂是有福的。"但是，新教徒的宗教只生产必需品，此外什么也没有。

既然这个可爱的女人已被一种寻常的命运拴住，她的生活就没有了麻烦，但也没有了快乐，而在我看来，没有了快乐乃是所有麻烦中最大的麻烦。我不会再去看，至少我希望不会再去看特拉夫蒙德的蒙娜丽莎了。[1]

为什么现实的生活跟想象的生活相差得那么大？既然如此，为何还要让人拥有这种无用的、甚而有害的想象力呢？这是一个神秘难解的谜，可只要对饱含希望的目光匆匆一瞥，谜底就揭开了。人就像船奴[2]，受了惩罚，但还没有改正：他因为自己没有意识到的罪过而被套上了锁链，注定了要承受对生命的惩罚，也就是死，而且生和死都不能得到审判，甚至无法知道自己犯了什么罪。唉！看到自然如此专横，社会的不公又有什么奇怪！要看出尘世间公道的存在，就需要可以穿透当下生活的信仰的目光。

正义不是以有形的方式存在于这个时间帝国的。深入

1　英译者认为，这里要提醒读者，这部作品原先是以书信的形式写给一位私人朋友的。

2　古代在大船或战舰上划桨的奴隶或囚犯。

自然，你很快就会发现天命。那种会报复自己的创造物的力量肯定是有限的，但界限呢，谁规定了它们？这个神秘的事情越是难以理解，信仰就越是必不可少，它的凯旋就越是伟大。

第五封信

"尼古拉一世"号，7月8日

极地的夜晚·孟德斯鸠及其理论·北方的景色·北极附近地表的单调乏味·芬兰海岸·北方人忧郁的性格·K公爵·对高贵的不同定义·英国的贵族·言论自由·坎宁·拿破仑·亲密的交谈·俄国历史一瞥·俄国没人懂得骑士制度和精神·专制制度的本质·俄国的政教合一·俄国在未来的影响力·巴黎的命运·D公爵夫妇·冷水疗法·俄国上流社会的教养·革命前法国的社交生活·一位属于中产阶级的现代法国人·他的无礼行为·汽船上令人愉快的交际·俄国的民族舞蹈·两个美国人·汽船事故·达戈岛

　　午夜，我正在芬兰湾内的"尼古拉一世"号汽船上写信，没有灯。现在是白昼结束，而在这些纬度的地区，一个白昼差不多有一个月长，大概从6月8日开始，到将近7月4日时结束。夜晚会一点点地出现。一开始，它们很短，但在临近秋分时明显变长。然后，它们就像春天时的白昼一样，长度迅速增加，很快便使俄国北部、瑞典以及北极圈周围的所有地区都陷入黑暗。对于正好在北极圈内的地区来说，一年等于一天一夜，各六个月。冬季朦朦胧胧的黑暗，同夏季模糊忧郁的日光持续的时间一样长。

极地夜晚的奇观令我赞叹不已，它的光线几乎同日光一样清澈。最使我觉得有趣的，莫过于阳光按照不同的纬度分配给地球的各个部分。一年结束，地球上所有部分看到同一个太阳的时间是相等的。但是，白昼与白昼之间的差别太大了！气温、色调的差异也是太大了！光线垂直照射到地面上的太阳，和光线倾斜照射到地面上的太阳，似乎不是同一个发光的天体，至少我们根据效果来判断的话。

至于我，我的生存方式与植物的生存方式颇为类似。我承认在气候中有某种天意，并在上天对我心灵的影响下，愿意向孟德斯鸠的理论表示敬意。我的心情和官能在如此程度上受制于大气的活动，以至于我无法怀疑它对于政治的作用。但孟德斯鸠这个天才夸大了这一看法的意义，把它说得太过了。固执己见就像礁石，天才往往会在上面翻船。心智强大的人只看到他们希望看到的东西：世界在他们心中；除了告诉他们的东西，他们什么都能理解。

大约一小时之前，我看到太阳在西北偏北和正北之间的海上沉没了。它留下一道又长又明亮的印迹。这道印迹在此午夜时分继续给我照明，使我得以在同行旅客已经入睡的时候，在甲板上写信。在我住笔四顾的时候，我看到在东北偏北的方向已露出第一抹曙光。昨日未尽，明日已始。极地这幕庄严的景象，我感觉就像是对所有旅途劳顿的补偿。在地球上的这些地区，白昼就如同没完没了的早晨，根本不兑现其出现时的承诺。这种独特的微光，既不是在白昼之前，也不是在夜晚之前，因为在南方地区被称为白昼和夜晚的那两种东西，在这里实际上根本就不存在。色彩的魔幻般的效果，以及夜晚充满神圣感的晦暗，都被遗忘了；大自然不再像是油画，而是像素描；结果很难再继续相信，在太阳高照的那些舒适的气候区的种种奇观。

北方的太阳就像一盏洁白的灯，挂在齐胸高的地方，在天地间旋转。这盏灯不停地燃烧数周和数月，将忧郁的光线洒向几乎不能被照亮的穹庐。没有什么是明亮的，但所有东西都能够看得见。大自然的面孔被这盏苍白的灯照得到处都一样亮，就像一个沉迷于幻想并因岁月而苍老的诗人。那是不再记得自己的恋歌，只能倾听坟墓的声音的奥西恩[1]。

一成不变的地表，空荡荡的远方，难以分辨的天际，若隐若现的轮廓——这种形状和颜色全都模糊不清的样子，使我堕入徐缓的冥想。平静地从中醒来，既像是生，又像是死。灵魂同这种景色一样，悬于白天黑夜之间，或者说，

1　奥西恩（Ossian），传说中 3 世纪爱尔兰的英雄和吟游诗人。

半梦半醒之间。它感受不到任何生动的愉悦；充满激情的狂喜停止了，但强烈的欲望引发的焦虑也停止了。如果说不能免于无聊，那可以免于悲伤。永恒的静谧同时支配了心灵和身体，慵懒的亮光就是这种状况的生动写照：它把致命的冷漠一并洒向白昼和夜晚、海洋和陆地，并用冰冷的冬季之手以及极地的茫茫积雪使它们融为一体。

北极附近那些单调乏味的地区的亮光，同北方女人宝蓝色的眼睛、没有表情的面容、灰白的头发以及怯生生的罗曼蒂克的想象力非常一致。这些女人总在梦想着别人正在扮演的角色；对于她们，尤其可以说人生只是虚幻的东西。

接近北方的这些地区，你似乎是在登上由一连串的冰川搭成的平台；你走得越近，幻觉就显得越是真实。地球本身似乎就是你在攀登的高山。当你到达这座巨大的阿尔卑斯山的顶峰，你就会体会到在攀登其他阿尔卑斯山时不太生动地感觉到的东西：巨石下沉，峭壁消失，人烟稀少，大地在你脚下，你触摸到了地极。从这样的高度看过去，大地似乎变小了，但海面上升了，在你周围围成一个轮廓不太清晰的圆。你继续攀登，就像是在爬向穹顶的最高处，而这个穹顶就是世界，它的建筑师是天主。

从那里极目远眺，可以看到冰封的大海和晶莹的旷野。在旷野中，想象力可以描绘出永恒的天国中幸运的、不变的居民的居所。

　　这就是我快到波的尼亚湾时的感想。波的尼亚湾的最北端一直到托尔尼奥。

　　通常认为芬兰海岸多山，可在我看来，那不过是平缓而低矮的连绵的丘陵。一切都消失在遥远的、难以分辨的雾蒙蒙的地平线上。这种不透明的大气让物体丧失了鲜艳的色彩；在珍珠母贝色的天空下，一切都变得灰暗朦胧。地平线上勉强可以看到的船只很快又消失了，因为这里被称为白昼的持久的微光，几乎无法照亮海面；它没有力量把远处的船帆染成金色。在北方的海上，船帆在张开时不像在其他纬度那样闪闪发光，而是像灰色天幕下的暗影——灰色天幕就像一张铺开来准备画中国画的纸。说来惭愧，看到北方的大自然，我不由得想到一盏巨大的魔灯，它光线昏暗，玻璃上的图案已经磨损。我不喜欢比喻，那会贬低对象；但不管怎样，我们必须尽力描绘我们的想法。赞美比贬损容易，不过，如实地描写激起那两种情感的感觉肯定是可以的。

　　一进入这些白色的荒漠，诗意的恐怖便攫住了灵魂：你惶恐地驻足于这寒冬的宫殿门口。当你在这些满是冷飕飕的幻觉，满是光辉灿烂的幻想，尽管亮光是银色而不是金色的地方继续前进时，心头不禁涌起一种无可名状的忧伤。渐渐迟钝的想象力停止了创造，或者说，它微弱的想法就像眼前那些微微闪光的云朵，说不清是什么样子。

当心灵从风景转向自身，它开始染上北方人那种至今令人无法理解的忧郁，并和他们一样，感受到他们单调的诗篇的魅力。体验到悲伤的乐趣既使人欢喜又令人痛苦。你缓步跟在死神的战车后面，唱着哀痛但充满希望的圣歌；你悲恸的灵魂融入周围的幻觉，并受到所见事物的感应：空气、薄雾、水，全都制造出新奇的印象。不管这印象是通过嗅觉还是触觉形成的，在感觉中都有某种奇怪的、不同寻常的东西：它向你宣布，你在接近有人居住的世界的尽头。冰封地带就在眼前，极地的空气甚至冷彻心扉。这一点也不惬意，但它是新奇的、非常奇怪的。

我一直很懊悔，今年夏天因为健康问题在巴黎和埃姆斯耽搁太久。要是按照我最初的计划，现在我应该在拉普兰，在阿尔汉格尔斯克那边的白海之滨；但是从上面讲到的情况来看，我感到，即便我到了那里，情况也一样。

从幻觉中醒来，我发现自己不是在地球的荒漠中，而是在乘坐"尼古拉一世"号豪华汽船，并且是在同我一直以来所结识的一样有教养的社交圈中。

如果有谁能把三天来我在其中扮演了一个小角色的那些谈话按照薄伽丘的风格收录下来，那就可能变成一本书，同《十日谈》一样妙趣横生，并且几乎和拉布吕耶尔[1]一样深刻。

之前我病了好长时间。在特拉夫蒙德，我病得很重，起航那天我甚至想过放弃旅行。我的马车已经上了船，但我因为高烧而感到阵阵的寒战。我知道我肯定会晕船，所以我担心，那样会让我本来已很痛苦的病情变得更加严重。如果我在离家八百里格的彼得堡病倒了，那该如何是好？发着高烧开始一段漫长的旅程，岂不有点疯狂？我当时的想法就是这样。不过，话又说回来，要是在最后一刻改变主意，让人把我的马车再送到岸上，那岂不更加荒唐？特拉夫蒙德的人会怎么说？对于我的优柔寡断，我该如何向巴黎的友人交代？

我通常不会受到这类思考的影响，但我病了，没有力气，而且颤抖也加剧了，没精打采，毫无食欲，头和肋部疼得厉害，这让我十分害怕四天的旅程。四天的旅程我是撑不下来的，我心想；但改变计划对病人和对其他人一样难。

之前为了治病用埃姆斯的温泉代替了别的。为了治好这第二次生病，休息是必需的。难道这不是推迟西伯利亚

---

1 若望·德·拉布吕耶尔（Jean de La Bruyère，1645—1696），法国作家和道德家，著有《品格论》（Les Caractères），以随感形式记录了他对当时社会各种人物的观察和分析。

之行的理由吗？然而我正在往那里去。

在这些让人纠结的想法的影响下，我完全不知所措。

最后我决心碰碰运气，把仆人叫来，由他来决定这个问题，要不然我不知道怎么确定计划的方向。我问了他的意见。

"我们必须继续，"他回答说，"离出发的时间这么近了。"

"哎，你对于海上航行一般很害怕的。"

"我现在也怕，可我要是主人，我不会在马车已经上了船的情况下还改变主意。"

"你好像更害怕我改变主意，而不是担心我病情加剧。"

没有回答。

"那你告诉我，为什么要继续？"

"因为——！！！"

"很好！我们继续出发。"

"可您要是病情加重，"这个值得信赖的人——他开始在他将要承担的责任面前退缩了——继续说道，"我会为您的草率感到自责的。"

"要是我病了，你要照顾我。"

"但那不能治好您的病。"

"没关系，我们走。"

就这样，我被仆人的雄辩说动了，在发着高烧、精神不振的情况下继续登船，而且对自己一度表现出的软弱有说不出的后悔。和旅程有关的无数不祥的预感向我袭来，所以当他们起锚时，我在一阵愚蠢的绝望中闭上了眼睛。船桨划动的那一刻，不知道是怎么回事，我一下子变得像是换了一个人：疼痛和颤抖消失了，思维恢复了它惯有的力量，我觉得自己突然间病全好了。这个变化在我看来非常奇怪，所以我忍不住把它记录下来，尽管人们或许不会相信。

船上的乘客中，我注意到有个上了年纪的男人，两条腿肿得厉害，几乎撑不住他肥胖的身躯。他的头深陷在宽阔的双肩之间，脸上有一种酷似路易十六的高贵气质。

我很快得知，他是俄国的 K 公爵，是善于攻城略地的瓦良格人的后代，因此也是俄国一个最古老的贵族世家的后代。

他由秘书扶着，艰难地朝座位挪动。我看着他，不禁对自己说，这是一个令人遗憾的旅伴。但在听到他的名字之后——我久仰他的大名——我为这种以貌取人的老毛病羞愧不已。

刚刚坐下，这位老绅士便开始称呼我的名字，同我说话。他脸上的表情很精明，虽说也很高贵而真诚。

突然听到有人那样叫我，我站起来，没有答应。公爵继续用真正贵族的语气叫我，那种语气极为质朴，没有任何客套："您几乎走遍了欧洲，我肯定您会同意我的意见。"

"关于什么，我的公爵？"

"关于英国。刚才我对这儿的某某公爵说，"他用手指了指，未作进一步的说明，"英国人当中没有贵族。他们有头衔和官职，但他们不懂得我们说的真正的贵族等级，它按照既不能买来也不能授予的特征来区分。君主可以制造出公侯，教育、环境、天赋、美德可以制造出英雄，但这些东西都不足以形成一个贵族。"

"公爵，"我回答说，"按照贵族这个词过去在法国理解的意思，同时，我相信，按照您和我现在理解的意思，它已经变成了一种虚构，恐怕过去也一直是一种虚构。您让我想起了劳拉凯先生的话。他开完法国元帅会议回去的时候说：'我们是十二个公爵和有爵位的人，但我是唯一的绅士。'"

"他说得对，"公爵答道，"在大陆，只有家世古老的绅士（Gentilhomme）被认为是高贵的，因为在高贵仍然名副其实的国家，它是血统而不是财富、宠爱、才能或职业所固有的。它是历史的产物，而且就像在物理学中某些金属的形成期似乎停止了一样，在社会中，贵族的形成期也停止了。正是这一点，英国人不懂。"

"的确如此，"我答道，"他们虽然还保留了很多封建时代的骄傲，但已经丧失了封建制度的精神。在英国，骑士精神已经让位于工业。后者很乐意在一种贵族体制中占有一席之地，条件是让新兴家族也能得到古代凭借姓氏而拥有的特权。

"由于这种社会革命，由于政治上一系列变化的结果，世袭权利已经不再和某个等级联系在一起，而是被转让给个人、公职和地产。从前是土地因为赢得土地的武士而高贵，现在是人因为占有土地而高贵。在英国被称为贵族的，在我看来不过是一个足够富裕的等级，能穿得起某种衣服。毫无疑问，这种金钱贵族和血统贵族有很大的区别。买来的地位证明了人的才智与能力，而继承的地位证明了上天的眷顾。

"金钱贵族和血统贵族这两种人在英国被混为一谈，结果，其姓氏属于该国历史的一部分的某个家族的后代，如果他们碰巧是贫穷而且没有头衔的，会告诉你他们不是贵族。而大人（裁缝的孙子）作为贵族院的议员，却成了国内高等贵族的一分子。"

"我早知道我们会谈得来。"公爵带着他特有的优雅、庄重的神色答道。

这种轻松的交流方式让我印象很深，我开始细细地打量 K 公爵的同胞 D 公爵，一个早就听说过的名人。我看到的是一个仍然年轻的男人。他的脸色呈铅灰色，眼神安静而有耐心；但他的前额饱满，身材高大，浑身上下整整齐齐，与其冷静的举止很相称，而由此带来的协调感相当令人愉快。

说起话来滔滔不绝的 K 公爵继续说道："为了向您证明英国人对于贵族的看法跟我们的不同，我给您讲个小故事，它或许会让您觉得有意思。"

"1814 年，我陪同亚历山大皇帝访问伦敦。当时陛下非常信任我，这让那时担任摄政的威尔士亲王对我颇为友善。一天，这位亲王把我拉到一边，对我说：'我想做点儿让皇帝高兴的事情。他好像对他身边的那位医生非常尊敬，我可不可以给那人赏点什么，好让您的主人高兴？'

"'可以，先生。'我答道。

"'那给什么好呢？'

"'贵族的头衔。'

"次日，医生被封为爵士。皇帝费了好大的劲，想要搞清楚把他的医生封为爵士，以及把医生的妻子封为夫人的荣誉属于什么性质。但是，虽然他理解力很强，可怎么也搞不懂我们的解释，搞不懂授予他医生的新封号有何价值。"

"亚历山大皇帝的无知情有可原,"我回答说,"许多见多识广的人也搞不明白,这一点看看外国人描写英国社会的大部分小说就知道了。"这一对话拉开了一场非常愉快的、持续数小时的交谈的序幕。在俄国的上流社会,社交活动中的语气彬彬有礼,而彬彬有礼的秘诀在我们中间差不多已经给忘记了。

所有人,就连 K 公爵的法国秘书也不例外,都表现很谦和,未受虚荣和自恋的小心思、小手段的影响,因而也避免了它们的错误和窘迫感。如果这就是生活在专制制度下的人们养成的习惯,那可以说,俄国万岁!(作者附释:在这里,为了使作者的一些明显矛盾的说法调和起来,作者请读者在理解时不要拘泥于字面的意思。只有坦率地说出心里想到的各种矛盾的看法,才能最终得出明确的结论。)在一个把时髦当作判别是否值得尊重的唯一标准,因而什么都不尊重的国家,优雅的风度怎么可能保存下来。让我们重新开始对那些有权得到尊重的人表示敬意,那样我们就会自然而然地并且可以说是不由自主地变得彬彬有礼。

虽然我在回答 K 公爵时有所保留,但这位老外交官还是很快就发现了我的看法中的基本倾向。

"您既不属于您的国家，也不属于您的时代，"他说，"对于作为政治引擎的言论的力量来说，您是一个大敌。"

"的确如此，"我答道，"在一个像我的国家那样自恋心理很容易被挑动起来的地方，想要确定人们的价值，在我看来，任何办法都比公开讲话更可取。我觉得在法国，没有多少人不愿意牺牲他们最宝贵的意见，以满足其让人说他们作了一场精彩演说的愿望。"

"不过，"这位开明的俄国公爵继续说道，"一切都包含在语言的天赋中；人身上的一切，甚至某些在那之外的东西，都是通过谈话表现出来的。言语带有神性。"

"我同意您的看法，"我回答说，"所以恰恰是因为那个原因，我害怕看到它被滥用。"

"当一个像坎宁[1]先生那样的天才，"公爵继续说道，"引起了英国和世界一流人物的注意，政治演说肯定是既伟大又光荣的事情。"

"这种杰出的天才带来了什么好处？如果听众的情绪一点就着，什么罪恶他不会制造出来？要是在私下里把言语用作说服的手段，改变思考的方向，左右一个人或少数人的行动，那在我看来是有用的，或者是作为辅助工具，

---

1 乔治·坎宁（George Canning，1770—1827），英国政治家，担任过
外交大臣，也短期担任过首相。

或者是作为平衡力量。但我担心的是它在大型的政治会议上被使用，因为大型的政治会议的审议过程是公开进行的。它往往以牺牲高远的想法和长久的打算为代价，把胜利系于有限的观点和虚妄不实的流行观念。把多数人的统治强加给各个民族，就是让他们臣服于平庸。如果这不是您的目标，那您称赞演说的影响力就错了。大型会议的政治主张几乎总是胆怯、肮脏和贪婪的。您反对英国这个例子，因为这个国家不像人们期待的那样。不错，在其议会的两院中，问题是由多数决定的。但这个多数代表的是该国的土地贵族。除了很短暂的几个间隙期之外，长期以来，他们就没有停止过指导国家事务。此外，难道议会形式没有迫使这个带着假面具的寡头集团的首领们堕落到欺诈的遮掩地吗？您羡慕英国是因为这个吗？"

"不过，人类还是必须靠恐惧或者说服来领导的。"

"是的，但行动比言语更有说服力。普鲁士政府不是证明了这一点吗？波拿巴不是吗？执政初期，波拿巴的治理既靠武力，也靠说服，甚至更主要地是靠说服。然而他的口才虽然了不起，却只向个人展示；对于大众，他从来只做不说。因为公开地讨论法律，会让人们对它们失去敬意，而它们之所以有力量，秘密就在于那种敬意。"

"您赞成专制？"

"恰恰相反，我害怕律师，还有附和他们的报纸[1]，报纸不过是回声响彻二十四小时的演讲。这就是如今威胁着我们的专制主义。"

"来和我们在一起吧，那您就会学着畏惧某些其他类型的人。"

"会让我对俄国产生不好的看法的不会是公爵您吧。"

"不要根据我或者其他任何旅行的俄国人来判断这件事：我们天生的温顺让我们在离开自己国家的那一刻起就成了世界公民，而心灵的这种倾向本身就是对我国政府的讽刺！"

这里，虽然公爵习惯于公开谈论各种话题，但他还是开始对自己、对我以及其他所有人产生了怀疑，并借助于一些不太明白的话来摆脱困境。但他后来利用我们单独在一起的机会，向我谈了他国家的人和制度的特点。下面这些差不多是我能记得的他所说的大致内容。

"如今的俄国距离蛮族入侵只有四百年，而西欧经历同样的危机是在一千四百年以前。早了一千年的文明进程在不同民族的风俗习惯之间造成了无法估量的差距。

"在蒙古人入侵之前的很多年里，斯堪的纳维亚人给

1　英译者认为，这些影射的话是特别针对法国的。

（当时还完全是野蛮人的）斯拉夫人安排了首领，那些首领以瓦良格人的名义统治着大诺夫哥罗德和基辅。这些外国的勇士在少数武装拥护者的支持下，成了俄国人中的第一批公爵，他们的拥护者则成了比较古老的贵族阶层的祖先。半神半人的瓦良格公爵们，统治着这个当时仍然是由一些游牧部落组成的民族。在这个阶段，他们是从君士坦丁堡的皇帝和牧首那里学到了所有关于享受和艺术的观念。可以说，这是俄国文明最初的基础，后来被鞑靼征服者践踏和破坏了。

"一大批圣徒用他们的名字照亮了俄国历史上这个美妙的时代，他们是一个刚刚皈依基督教的民族的立法者。因为其野蛮人的美德而显得十分伟大的公爵们，让人对早期的斯堪的纳维亚人编年史充满敬意。在那个黑沉沉的时代，他们的名字就像在暴风雨的夜晚穿透云层的星辰一样闪闪发亮。一听到这些奇怪的名字，就能激起人的想象力和好奇心。留里克、奥列格、奥丽加王后、圣弗拉基米尔、斯维亚托波尔克以及莫诺马赫都是些有名的人物，他们的品格和他们的称号一样，不同于西方的英雄人物。

"他们身上没有一点点骑士精神；他们就像《圣经》中的那些君主一样。他们使之伟大起来的那个民族依然靠近亚洲；它不了解我们浪漫的想望，它在很大程度上还保留着家长制的习惯。

"俄罗斯民族不是在那所优秀的培养善意的学校里形成的；具有骑士精神的欧洲在那所学校的教导下获益良多，以至于长期以来'荣誉'这个词就相当于真理，哪怕是在有那么多的事情已被忘记的法国，'荣誉'一词仍然带有受人尊敬的神圣性。

"十字军骑士的巨大影响力连同天主教的巨大影响力一起，在波兰中断了。俄国人是勇士，但他们之所以战斗，是因为服从，而且是以得到好处为目的；波兰骑士之所以去战斗，纯粹是因为热爱荣誉。因此，这些人虽然来自同一个祖先，而且到现在还有很多相似的地方，但历史的发展在他们之间造成的差异太大，以至于相比于宗教和社会习俗把他们分开的时间而言，俄国的体制要想把他们重新统一起来，需要花费更多的时间。

"当欧洲慢慢地从几百年来为了从不信教者手中夺取基督之墓所付出的努力中恢复过来的时候，俄国正在一边向乌兹别克人统治下的穆斯林交纳贡赋，一边从希腊帝国那里学习他们的艺术和科学，他们的风俗习惯、宗教和政治，他们的手腕和骗术，以及对拉丁基督教的厌恶。如果我们仔细地思考所有这些社会、宗教、政治方面的影响，那我们就不会奇怪，为什么不太能相信俄国人的话（说这话的是俄国的公爵），也不会奇怪为什么俄国人的性格一般都带有虚假的拜占庭印记。那种印记甚至影响了沙皇治下的社会生活——那些沙皇真不愧是拔都[1]的副手们的继承人。

"主宰着我们的那种彻头彻尾的专制制度建立的时候，恰好是欧洲其他地方的奴役结束的时候。在蒙古人入侵之前，斯拉夫人一直是世界上最自由的人，而从蒙古人入侵开始，斯拉夫人就成了奴隶——先是征服者的奴隶，然后又是公爵们的奴隶。那以后，不仅作为现状，而且作为社会构成原则的奴役关系，就在他们中间建立起来。在俄国，说话的权利贬低到这样的程度，以至于被认为和陷阱差不多。我们的政府是靠谎言活着的，因为真话对暴君和对奴隶一样可怕。那样一来，一方面人们说得很少，另一方面却又总是说得很多；因为在这个国家，所有的讲话都表现出宗教或政治上的虚伪性。"

"公爵，"我在专心听了这一长篇大论之后答道，"我不相信您讲的话。虽说摒弃民族的偏见是开明的，温和地对待外国人的偏见是有礼貌的，但是，我不相信别人的主张或要求，同样也不相信您认可的事情。"

"不出三个月，您就会觉得我说得有道理。同时，趁

---

1 此处原文为"Bati"，疑为"Batu"。

我们身边现在没人，"他四处看了看，然后说，"我要您注意一个最主要的地方，我要告诉您一个关键，它会有助于为您解释您将要到访的那个国家中的一切。

"在这个亚洲国家的人民当中，每走一步您都要想到，他们的国家从来没有接受过骑士精神和天主教的影响。他们不仅从来没有吸纳它，而且还在与立陶宛、波兰以及条顿骑士团的长期战争中，抱着深深的敌意抵制它。

"您让我为自己的洞察力感到骄傲。最近我给一个朋友写信说，我认为宗教上的偏狭是俄国体制的隐秘源头。

"您清楚地预见到您会看到什么；您可能不太了解俄国人强烈的不宽容的倾向；那些有教养的人，以及那些因为经商而与西欧有来往的人，竭力隐瞒这种主导性的民族情感，那是希腊正教的凯旋。对他们来说，希腊正教和俄国的政体是一回事。

"要是不记住这一点，那么，不论是在我们的风俗习惯方面，还是政治方面，什么都无法解释。比如，您不要以为发生在波兰的迫害是出于皇帝个人的怨恨，其实它们是深思熟虑的算计的结果。那些残忍的行为在真正的信教者眼中是值得称赞的。启发君主、令其超越所有人类感情的是圣灵，而保佑他成为最高设计的执行者的则是天主。按照这种看问题的方式，法官和刽子手既是大恶人又是大圣人。当你们正统王权派[1]的报刊在教会分裂派中寻找盟友的时候，它们不太清楚自己在做什么。在看到俄国皇帝出于善意与一个天主教大国一起行动之前，我们就会看到欧洲革命。新教徒至少是公开的敌人，而且他们将更乐意同教皇而不是俄国专制制度的首领重新联合起来。因为，新教徒看到自己的全部信条都退化为理论，全部宗教信仰都变成了哲学式的怀疑之后，他们除了宗派的骄傲之外，已经没有什么剩下的东西可以献给罗马了，而皇帝却拥有实实在在的精神的力量，并且这种力量他是不会自愿放弃的。罗马以及与罗马教会相关的一切，没有比莫斯科的专制君主更危险的敌人了——莫斯科的专制君主是他自己教会的有形的首脑。我很惊讶意大利人的洞察力没有发现从那个方面对你们构成的威胁。在作了这番如实的描绘之后，就能对巴黎正统王权派所抱希望中幻觉的成分做出评判了。"

这段谈话可以让人对其他所有的谈话都有所认识。每当话题变得对莫斯科人的自恋不利的时候，K 公爵就会停下来，至少要等到他完全确定没有人偷听我们谈话。

我们谈论的话题让我越想越害怕。

1　指当时法国国内波旁王朝长支的拥护者。

这个国家长期受到我们现代思想家的轻视，因为它似乎远远落后于其他国家，但是，在它身上，也许有比英国在美洲的殖民地更多值得期待的东西。那些殖民地被哲学家们捧得很高，而从那些哲学家的理论中，发展出了真正的民主制，连同现在存在的对于它的各种各样的滥用。

即便俄国盛行的尚武精神没能产生与我们类似的关于荣誉的信条，或者没能让它的士兵获得像我们士兵那样辉煌的名声，那也不能因此就得出结论说，那个民族不怎么强大。荣誉是人的神性，但是在实际生活中，责任甚至比荣誉更有价值；尽管它不是那么耀眼，却更为持久，也更能够持久。

在我看来，从今以后，这个世界帝国不会再托付给狂暴的人，而是会托付给坚忍的人。（作者附释：我必须再次请求读者——在这部作品中，他会从头到尾跟着我——要等到他比较了我在旅行前后不同的看法之后，再形成对于俄国的意见。我自认为在写作时抱有的坦诚和善意不允许我把已经写好的东西删掉。）欧洲现在开明了，不会再屈服，除非是屈服于真正有力量的东西，而现在各民族真正的力量，在于服从统治着它们的权力，就像纪律是军队的力量之源一样。从今以后，说假话会反过来对那些把说假话作为工具的人造成最大的伤害；讲真话会产生新的巨大影响，以至于无视和搁置只会让它重新焕发青春和活力。

当我们的世界主义的民主观念，带着它们最新的成果，让战争成为人人憎恶的对象的时候；当曾经是世界上最文明的若干民族由于政治的败坏而失去活力，一步步地走向沉沦，国内萎靡不振，国外遭人轻视的时候；社会将浸染在毫无作用的利己主义之中，所有的结盟都会被认为不可能；那时，北方的洪水之门会再次朝我们打开，而我们将不得不承受最后一次大规模的入侵。这次入侵的不再是无知的野蛮人，而是比我们还要有知识、有教养的人，因为他们会从我们的放辟邪侈中学到统治我们的手段和方式。

上天在东欧正在聚集那么多闲置的权力工具不是没有目的的。沉睡的巨人醒来和用武力终结言论的统治的那一天将会到来。那时，惊慌的平等会徒劳地呼吁旧贵族起来拯救自由。掌握在那些太长时间不习惯于使用它们的人手里的武器将是软弱的、没有威力的。社会将会由于把信心寄托在空洞的言语上而毁灭。然后，舆论的那些充满谎言的回声，也就是报纸杂志，会陶醉在这种破坏中，只要它有东西再说上一个月。它们会杀死社会，为的是靠它的尸体过活。

德意志因为有开明的政府、善良而通情达理的人民，可能会在欧洲再次为一个防御性的贵族阶层奠定基础，但它的政府和它的人民不是一个整体。普鲁士国王成了俄国唯一的先锋（作者附释：这写于 1839 年 6 月），他把自己的士兵改造成不爱说话的、有耐心的革命者，而不是利用他们的好性格，让他们成为古老欧洲的天然的捍卫者——迄今为止，欧洲是合乎理性的自由在地球上找到的唯一的庇护所。在德意志，消除风暴仍然是可能的；在法国、英国和西班牙，我们现在能做的仅仅是等待惊雷。回归宗教的统一状态将会拯救欧洲。但是用什么办法来恢复这种统一的状态呢？靠什么新的奇迹将其要求强加给一个冷漠而不知感恩的世界呢？靠什么权威来获得支持呢？这是天主掌握的秘密。人的心灵提出问题，解决问题的一定是天主的行动，也就是说，是时间。

这些思考让我为自己的祖国深感忧虑。当世界厌倦了折中，转而迈向真理的时候；当一个社会不再是由容易毁灭的而是由真正的、也就是说永恒的利益所驱动，而宗教是其中唯一重要的原则而得到承认的时候；巴黎，在怀疑论哲学的统治下那么自豪地受到吹捧的轻浮的巴黎；巴黎，冷漠和犬儒主义的恣肆任性之都；还会在接受过恐惧的教育，被惩罚洗净了罪恶，因为有了经验而不再会上当受骗，靠沉思而变得完美的一代代人当中，保持它至高无上的地位吗？

这种反作用将会从巴黎自身开始。我们敢希望发生这样的奇迹吗？谁会向我们保证，在这破坏的时代结束时，在新的信仰之光照亮全欧洲的心脏时，文明的中心不会转移？总之，谁会说法国，因为它的不虔诚而被抛弃的法国，到那时对于获得新生的天主教徒来说，不会像希腊之于早期的基督徒那样，因为骄傲和夸夸其谈而变成倾颓的神殿呢？它有什么权利希望得到豁免呢？民族就像个人一样也会死亡，而火山般暴烈的民族死得更快。

我们的过去辉煌灿烂，我们的现在却黯淡无光，因此，我们应当充满忧虑地展望未来，而不是冒失地召唤它。我承认，从今以后，我对祖国的担忧超过了希望；在国民公会血腥的统治下，那个有望获得这种光荣凯旋的年轻的法国所表现出的狂躁情绪，现在在我看来，乃是昏聩腐朽的症候。就目前的形势而言，虽然还存在各式各样的罪恶，但对于我们来说，要好过它所预示的、我徒劳地想让我的思绪离开的那个时代。

我对俄国想要一睹为快的好奇心，以及在管理那么大一个国家时必定起着主导作用的崇尚秩序的精神，在我心中激起的钦佩之情，不会妨碍我对它的政体做出不偏不倚的判断。俄国的统治力，如果仅限于外交上的努力而不涉及实际的征服，在我看来属于那种最该令世界害怕的力量。

对于这个国家将在欧洲扮演的角色，现在有很多误解。按照其宪法的特点，它将代表的原则是秩序，但受其统治者性格的影响，它会打着消除无政府状态的幌子使暴政蔓延开来——就好像独断专行的权力可以消除任何罪恶似的！这个民族缺少的是道德原则；由于其好战的习惯，由于其对于入侵的记忆，它仍然执着于所有战争中最残忍的征服战的概念，而法国以及其他西欧民族的斗争今后将具有宣传战的性质。

幸亏我在"尼古拉一世"号上结识的乘客很少。有位年轻的 D 公爵夫人十分迷人，长得很像苏格兰传奇故事中的女主人公，她在和丈夫一起返回圣彼得堡，同行的还有她的兄弟。这对和蔼的夫妇在西里西亚待了几个月，接受著名的冷水浴治疗。那不仅仅是一种疗法，还是一种圣礼，具有治疗作用的洗礼。

信心十足的公爵和公爵夫人，给我们绘声绘色地讲述了这种疗法的神奇效果。发现这种疗法的神奇效果的是一个农民。他自诩比世上所有的医生都高明，并且用行动证明了自己所言不虚。他对自己的疗法充满信心。这个例子感染了别人，新疗法的鼓吹者的许多门徒都因为心诚而使自己的健康状况得到了好转。各地的外国人成群结队地前往格拉芬贝格，除胸部疾病之外的所有疾病都可以在那里治疗。先用抽水装置给病人淋水（用的是冰冷的水），然后把病人裹在法兰绒里五六个小时。没有哪种疾病受得了因为这种疗法而出的汗，公爵说。

"没有哪种疾病，也没有哪个人。"我说。

"您错了，"公爵带着新皈依者的热情答道，"众人当中，死在格拉芬贝格的人很少。王公贵妇们定居在靠近那个新救星的地方，并在尝试了他的疗法之后，对水的热爱成了一种激情。"

说到这里，D公爵看了看表，叫来仆人。仆人来的时候拿了一大罐冷水，倒在主人穿着的马甲和衬衫之间。我几乎不相信自己的眼睛。

公爵继续谈话，没有注意到我惊讶的表情。

"在位的拿骚大公的父亲抵达格拉芬贝格的时候，四肢都不能动了。水疗让他的健康大有起色，但是，由于他想彻底治好，所以不清楚他什么时候离开。到达格拉芬贝格的时候，没有人知道自己会待多久。治疗时间的长短要看个人的病情和禀赋。另外，激情的影响是无法预测的。这种水疗模式成了某些人的激情，他们继续无限期地逗留在他们至高无上的幸福的源泉附近。"

"公爵，听了您的讲述，我很乐意相信这些神奇的效果，但细细想来，我对它们的功效仍然感到怀疑。这种表面化的疗法经常造成不良的后果，出汗太猛导致血液分解，往往把痛风变成浮肿。"

"对于冷水疗法的功效，我是非常相信的，"公爵答道，"所以我准备在我附近建一个类似格拉芬贝格那样的设施。"

我想，除了冷水疗法，斯拉夫人对其他事情也很狂热，也就是说，对新奇的东西有一种普遍的激情。这个善于模仿的民族用别人的发明来锻炼他们的思想。

除了已经提到的这些人，我们船上还有一位 L 公爵夫人。这位女士在交际中非常随和，我们聆听她悦耳的歌声，愉快地度过晚上的时光。她唱的俄罗斯歌曲让我觉得十分新鲜。D 公爵夫人与她合唱，有时甚至伴以某种哥萨克舞蹈的优美舞步。这些带有民族特色的展示活动和即兴音乐会，让我们很高兴暂时停止了谈话，并让时间过得飞快。

高雅趣味和社交礼仪的真正典范，只有在贵族的国度才能看到。在那里，没有人想着要摆出一副很有教养的样子。在暴发户大量出没的地方，那种做法让交际变了味。在贵族的圈子里，每个人都觉得很自在，大家都习惯了相同的交际方式。那里即便没有同情，也会有一种亲密的气氛，可以带来轻松和信任。人们在交谈中一点就通，每个人都能在其他人的语言中认出自己的思维方式；大家愿意那样对待别人，仿佛希望结伴度过余生；命中注定要在一起待上一段时间的人，要比那些才遇见一个小时的人更能相互理解。由这种必然的和谐造成了普遍的礼貌，但这种礼貌在表面上并非一成不变。细微的差异仍然表现出思维的多样性。谈话中用语典雅，既可以润色所说的内容，又不会伤害什么，因为为了表达上的考究所做出的牺牲，对于情感的诚挚性没有任何影响。这样，得益于各种限制严格的交际活动中建立起来的安全感，拘谨消失了，而谈话在摆脱了粗鄙的同时，又没有丧失自由的魅力。

从前，在法国，每一个阶级的公民都可以享受到这种好处。使我们丧失了这种好处的原因很多，在这里我不想细说。其中最主要的，是把所有阶级的人都搅和在一起。

这些人聚在一起，是为了满足他们的虚荣心，而不是为了愉快。自从交际的大门被那样猛地打开之后，自由就完全消失了，轻松的举止在法国再也没有人知道了。英式的僵硬和严肃大行其道，因为在混杂的交际中，它们是必不可少的武器。但是英国人在学习怎么利用它们的时候，不管怎样说并没有牺牲什么，而我们却失去了所有那些能够给生活增添魅力的东西。一个人相信，或者说希望让人相信，他属于有教养的社会，因为他可以出入这样那样的沙龙；这样的人不会是一个讨人喜欢的伙伴。真正的高雅本身便是好东西，模仿的高雅就如同其他所有的装模作样一样，是有害的。

我们新的交际是基于民主的平等观念，这些观念让无聊代替了从前的乐趣。能让人感受到交际的愉悦的，不是因为认识的人很多，而是因为你对自己挑选的人十分了解。交际只是手段，亲密的关系才是它的目的。

我们的俄国女士们已经让旅客中的一位法国商人进入她们的小圈子。那人早就过了中年，满脑子与汽船、铁路有关的宏图大略，但仍在展示他年轻时各种做作的样子：讨人喜欢的微笑、亲切的神态、可爱的鬼脸、粗俗的仪态、狭隘的观念以及装腔作势的语言。不过，他是个好伙伴，乐意说话，而且在说到自己熟悉的话题时甚至能说得很好，也很逗，尽管过于自信，有时还相当啰唆。

他去俄国，是为了鼓动某些有识之士支持一些大型的工业企业。他是法国几个商行的代理商，他说那几个商行已经准备联手实施这些重要的目标。他的头脑中尽管装满了严肃的商业计划，却还是为巴黎过去二十年来流行的歌曲和妙语留下了空间。在转行为商人之前，他是个枪骑兵，所以在他的神态中保留了一些与之前职业有关的有趣的痕迹。每逢他与俄国人说话，他都会暗示法国在所有事务上的优越性；但他的虚荣心太过明显，人们不以为忤，只是一笑了之。

　　唱歌的时候，他朝女士们抛去温柔的一瞥；朗诵《巴黎人》和《马赛曲》的时候，他会学着戏剧中的样子，用披风把自己裹起来。他头脑里收藏的歌曲和妙语，虽然和他的性格一样相当令人愉快，却让我们美丽的外邦人觉得很好笑。听他说话，她们似乎以为自己是在游览巴黎。法式风度的这一实例中的无礼行为决不会影响到她们，因为她们不明白它的缘由，也不明白它的范围；一种她们无法理解的语言是不会让她们反感的；此外，属于真正有教养的社会的人，永远是最后一个感到生气或惊慌的。因为担心有失身份，无论别人说什么，他们都不会生气。

　　上了年纪的 K 公爵和我嘲笑她们听到的语言；她们在笑，是因为她们不知道高雅的趣味止于何处，而法式的庸俗又始于何处。

　　庸俗始于一旦一个人想要避免它的时候，确信自己拥有良好教养的人根本不会有这样的想法。

　　当从前的枪骑兵开始快活得忘乎所以的时候，几位俄国女士让他平静了下来。她们轮流演唱民族歌曲，其中有些歌曲表现出的忧郁感和原创性，令我十分陶醉。

　　L 公爵夫人为我们唱了几首俄国的吉卜赛人歌曲。让我非常意外的是，这些歌曲同西班牙的波莱罗舞曲很相似。

安达卢西亚的希塔诺人和俄国的吉卜赛人属于同一种族。这些人不知何故散布于整个欧洲，在各个地区都保留了他们的风俗习惯、传统和民族歌曲。

原以为很可怕的海上旅程事实上却十分惬意，让人一想到它即将结束就觉得很遗憾。此外，到了一个既无事可做又没有朋友的大城市，谁不会感到有点儿孤单呢。一想到旅行无非是一次次离别和到达，我对旅行的激情就凉了下来。但是，什么乐事和好事不是用这种痛苦换来的？要是能用这种方式，不用辛苦地研究就能得到信息，就像翻书一样翻翻地球上不同的国家也好。

每当我在漫游途中感到有点泄气，我就对自己说，"要是希望有所收获，那就必须采取这种办法"。抱着这样的想法，我坚持了下来。我付出很多。我是刚进家门就又立刻计划开始我的旅行。马不停蹄地旅行是种令人愉快的打发时间的方式，尤其对一个与其生活的时代支配世人的那些观念格格不入的人来说。转换空间相当于转换时间。现在我希望在俄国研究的，是一个早就过去的时代。

我不记得在旅行时遇到过像这段旅程中那么惬意和有趣的交际。我们在这里就像在阴雨绵绵的地区生活。我们无法外出，但大家都尽量让别人开开心心地打发时间，以便每个人付出的努力都会反过来对所有人有益。不过，这必须归功于我们有些旅客非常善于交际，尤其是要归功于K公爵和蔼可亲的权威性。在我们航行开始的时候，要不是因为他发挥的作用，没有人会打破冷场，我们会在整个旅程中继续暗暗地相互观察。我们没有陷入这种忧郁的孤独状态，而是夜以继日地谈话聊天。整整二十四小时持续不断的亮光，打乱了人们的习惯，结果无论是在什么时候，总会有人乐意交谈。现在三点多了，我在写信时听到我的伙伴们在船舱里谈笑风生。要是我下去，他们会让我朗诵某些法国诗篇，或是讲一讲巴黎的故事。他们不厌其烦地打听拉谢尔小姐和迪普雷小姐这两位戏剧界的当红明星，非常想把两位天才吸引到他们的国家，但她们是不可能获准和我们一起过来看一看的。

当那位法国枪骑兵或者说善于经商的军人加入谈话时，谈话一般就会中止，然后肯定会有笑声、歌声和俄罗斯舞蹈。

这种欢乐的气氛虽说没有恶意，但事实上却得罪了两个到彼得堡做生意的美国人。新世界的这些居民不允许自己哪怕是对欧洲年轻女人愚蠢的乐趣微笑一下。他们不明白，自由和无忧无虑可以守护年轻的心灵。他们的清教教义不仅反对放纵，也反对欢乐。他们是新教的詹森派教徒；要让他们感到愉快，那就得把生活变成一个长长的葬礼。幸好我们船上的女士不想跟这些迂腐的商人讲任何道理。她们的举止比大多数北方女人都要质朴。后者在来到巴黎的时候，以为她们必须得扭曲自己的本性方能吸引我们的注意。我们同船的美丽的乘客之所以讨人喜欢，是因为她们没想着要讨人喜欢；她们的法语口音在我看来也要好过我在萨克森和波希米亚遇到的大多数波兰女人。在讲我们语言的时候，她们没有试图去纠正它，而是尽力像我们那样去说话，而且可以说做得非常成功。

昨天我们的引擎出了点小事故，正好暴露出船上那些人性格中一些隐秘的特点。

想到之前我们的船发生过的事故，乘客们表现得相当胆小和多疑，尽管天气自始至终都很好。

昨天晚餐过后，我们正坐着阅读，船桨突然停止了转动，而且可以听到引擎发出的异响。水手们急忙跑向船头，船长跟在后面，对于乘客提出的问题一言不发。最后，他下令测量水深。"我们触礁了。"有女人说，那是第一个敢于打破沉默的声音。"引擎要炸了。"另一个声音说。

我没有吭声，尽管我开始想到我的预感要应验了，想到早先我想要放弃此次航行无论如何不是心血来潮。

娇弱的 L 公爵夫人晕倒在地，伤心地喃喃自语，说她要死在离丈夫那么远的地方了。D 公爵夫人紧紧地抓住她的一只胳膊，冷静地等待结果——她身材娇小，面色温柔，想不到竟然那样冷静。

肥胖和蔼的 K 公爵面不改色，也没有挪动位置；要是不打扰他，他会坐在扶手椅里沉入大海。那位半是商人半是喜剧演员的前法国枪骑兵，摆出一副无所谓的样子，开始哼起了小曲。这种故作勇敢的样子让我感到不快，也让我为法国脸红。因为在法国，虚荣心会想方设法地表现出来。真正的、合乎道义的高贵一点也不做作，甚至不会对危险无动于衷。美国人在继续读着什么。我观察了所有人。

最后，船长过来告诉我们，有个活塞的螺帽坏了，一刻钟后，一切都将恢复正常。

听到这个消息，大家一下子高兴起来，这说明他们此前多多少少都有点儿担心。每个人都坦白了自己的想法和担忧，大家互相取笑，而那些坦白得最彻底的人是最少被取笑的。那个晚上开头好像非常不妙，最后却又是跳舞又是唱歌。

晚上分手的时候，K 公爵夸我说，我在听他讲故事时很有礼貌，带着明显的愉快的神情。他说，从一个人听别人讲话时的态度，就可以看得出他很有教养。我回答说，聆听的最好的方式就是认真去听。公爵重复了这句话，对它大加赞赏。没有什么是白费的，任何关注都会受到仁慈而明智之人不仅仅是公正的对待。

古老的法式交际的巨大魅力就在于懂得如何尽量接受别人。如果说如今在我们当中几乎没有人懂得这种使人愉快的艺术，那是因为它需要心灵表现得更有教养，懂得夸奖而不是贬损。知道如何去评价一切的人，不会鄙视任何东西，也不会和别人一起冷嘲热讽；但是在怨恨之风盛行的地方，贬损的习惯就会体现在所说的一切当中。嫉妒是一种有害的心理，它伪装成风趣和理智（因为虚假的理智总是表现得喜欢嘲讽），近来损害了社交生活的乐趣。真正的礼貌在努力表现出善意和亲切的同时，实际上也是如此；在我看来，拥有真正的礼貌等于是拥有其他所有的美德。

这里我要讲两个故事，它们将表明，我为之受到夸奖的那种专注是多么不足挂齿。

我们当时正在经过爱沙尼亚海岸的达戈岛[1]。这个地方看起来十分阴郁，既冷清又荒僻。那里的大自然与其说是野蛮的、壮观的，不如说是贫瘠的、光秃秃的；它看上去仿佛是打算用其外表的单调乏味而不是恐怖把人赶走。

"那座岛上发生过一件怪事。"K公爵说。

---

1 爱沙尼亚第二大岛。由于历史上该岛的控制者几经变化，所以按照不同民族的语言，它有不同的名称。在德语和瑞典语中它叫"达戈岛"（Dago），在爱沙尼亚语中称为"希乌马岛"（Hiiumaa）。

"什么时候？"

"不久以前，那是在保罗皇帝执政的时候。"

"请讲给我们听听。"

然后公爵就用一种非常有趣的方式讲述了德·斯特恩贝格男爵的历史。

第六封信

"尼古拉一世"号，7月9日

斯特恩贝格男爵的悲剧·类似于拜伦勋爵笔下的男主人公·司各特爵士和拜伦之间的比较·历史传奇·彼得大帝的婚姻·罗莫达诺夫斯基·希腊教会在俄国的影响·靠弄虚作假来维持的暴政·雷韦尔教堂里的尸体·被欺骗的亚历山大皇帝·俄国人对于外国人的意见很敏感·密探

记住，说话的是 K 公爵。

"温格恩·德·斯特恩贝格男爵游历过大半个欧洲。他是个聪明而善于观察的人，他的旅行让他成了他所能成为的人，也就是说，依靠学习和经历变成了一个伟大的人物。

"保罗皇帝在位时，他回到圣彼得堡，随即蒙受了不应得的耻辱。在由此造成的痛苦的重压下，他决定离开宫廷。他把自己关在达戈岛上，他是那里的领主。他在退隐到这片荒野时向全人类发誓，此仇不共戴天，因此要报复被他视为整个民族的代表的皇帝。

"这人在我们小的时候还活着，他成了拜伦勋爵笔下不止一位男主人公的原型。

"隐居期间，他突然有了研究的热情。于是，为了自由地从事科学活动，他给自己的府邸添加了一座非常高的塔，您能在望远镜里看到塔的墙身。"

说到这里，公爵停下来，我们看了看达戈岛上的高塔。公爵继续说道："他称这座塔为藏书楼，并在塔顶装了一种带玻璃的灯笼，就像瞭望台，或者更确切地说，就像灯塔。他经常对仆人们说，他只能在晚上工作，而且不在别处，只能在这个与世隔绝的地方。就像他说的，他隐居在那里，是为了沉思，为了求得安宁。

"除了唯一的儿子——他还是个孩子——和他的家庭教师，任何客人都不允许进入这个静修的地方。

"快到午夜的时候，当男爵以为他们两个都睡着了，他常常会把自己关在研究室；那时，研究室的玻璃塔用灯照得通明，以至于它在远处会被当作信号。这座灯塔，实际上并不是，是准备欺骗外来船只的。那些船有撞到岛上的危险，如果它们的船长过于莽撞，并且不是非常了解危险的芬兰湾海岸的各个地点的话。

"这种错误恰恰是这个可怕的男爵希望发生的。建在岩石上的这座骗人的灯塔，在波涛汹涌的大海上成了没有经验的领航员的指路明灯。那些不幸的人儿，受到在自己前面闪耀的虚假的希望之光的误导，就在以为自己找到了可以躲避风暴的庇护所时，丢掉了性命。

"你们可以认为那时的俄国，航海方面的规章制度非常不完善。

"一旦船只要沉没了，男爵就会来到海边，和许多敏捷而坚定的人一起偷偷地登上船。他养着他们，就是为了在夜间的这些行动中帮他。然后，他把外来船只上的水手集中起来，非但没有为他们提供所期待的帮助，反而在夜幕的掩护下杀害他们。之后，他把船只劫掠一空，这样做与其说是为了得到好处，不如说纯粹是为了作恶，为了不会带来任何好处的破坏的乐趣。

"怀疑一切，不相信正义的原则，他认为道德和社会的混乱最符合尘世间人类的状况，认为公民和政治的美德是无法实现的妄想，是违背本性而不是服从本性的。

"他声称他结束同类的性命是在替天行道。他说上天喜欢从死亡中获取活力。

"深秋的一天晚上，夜晚非常漫长，他杀害了一位荷兰商人的全体船员。他以警卫的名义收留的海盗们——他们混在家里的仆人中——忙碌了几个小时，把沉船上的货物搬到岸上，结果没有注意，他们在杀人的时候，那艘船的船长在夜色的掩护下，上了一艘跟在后面的小艇逃脱了，艇上有他船上的几个水手。

"黎明的到来让男爵和他的搬运工对于他们在黑暗中的工作大吃一惊，同时还发现有艘小艇正在靠近。他们立刻关上用来存放抢来的东西的秘密地窖的大门，然后在外邦人面前放下吊桥。

"男爵急忙出来用俄国风俗中特有的殷勤好客，接待新来者的首领。

"为了显示他这里极其安全，他去了他还在睡觉的儿子房间附近的一个大厅，在那里等待。他孩子的家庭教师因为病得很重也没有起床。他房间的门开在大厅里，没有关上。那个外邦人被领了进去。

"'男爵先生，'那人一副很有把握的样子说，'您见过我，虽然您可能没有认出我，因为您只见了我一次，然后就到了暗处。我是那艘船的船长，部分船员昨晚死在了您的墙脚下。我很痛心地向您宣布，您的一些手下已经在之前的厮打中被认出了，有人看到您自己也亲手捅了我们一个人。'

"男爵没有说话，站起身，轻轻地关上家庭教师的门。那个外邦人继续说道：'我这样坦率地跟您说，不是想毁掉您，只是希望向您证明，您在我的掌握中。把货和船还给我；船虽然坏了，可还能把我带到圣彼得堡；我答应不说出去，我乐意发誓信守诺言。要是我想要报复，那我就会在对面的海岸上岸，并在第一个村子就告发您。我提出的建议，证明我愿意挽救您，这才把您的罪行使您陷入的危险告诉您。'

"男爵始终一言不发，脸上的表情严肃但不凶恶。他要求给点时间想想该怎么办，临走时说一刻钟后给出答复。

"距离约定的时间还有几分钟，他突然从一道暗门冲进大厅，扑向那个过于冒险的外邦人，刺中了他的心脏。

"与此同时，他还下令把艇上的人全都杀掉。众多凶手制造了片刻的混乱，之后贼窝又恢复了平静。然而，孩子的家庭教师无意中听到了刚刚发生的一切。他继续听着，但最后只能听到男爵的脚步声，还有裹着羊皮睡在塔楼楼梯上面的海盗们响亮的呼噜声。

"男爵不放心，走进这人的房间，仔细察看他的脸色。他站在床边，手里依然握着带血的短刀，看了好长时间，想要找到蛛丝马迹，能够证明他是在假寐。最后，他确信他在熟睡，决定放过他。

"完美的犯罪就像完美的任何事情一样，是很少见的。"K公爵中断了自己的讲述说道。

我们没有吱声，因为我们迫不及待地想要知道故事的结局。他继续讲道："家庭教师起疑心已经有段时间了。荷兰船长的话刚传到他耳朵，他就起来，透过男爵关上的门的门缝，目睹了整个杀人的过程。随后，他就像前面说的那样，表现得沉着冷静，救了自己的性命。男爵走后，他起床穿好衣服，不顾自己正发着高烧，用绳子从窗户降下去，他找到拴在围墙下的小艇，解开推到海里，朝大陆方向划去。他顺利地到了大陆，立刻告发了自己目睹的罪行。

"达戈城堡的人很快就发现，病人不见了。因为痴迷犯罪而变得盲目的男爵，起初以为他高烧神志不清投海了。他只顾着搜寻他的尸体，根本没想到他会逃走，尽管系在窗户上的绳子和不见了的小艇明明白白地证明了实际发生了什么。

"最后，这些证据终于让他相信了。于是他开始准备逃跑，这时他发现，城堡已被迅速派来抓捕他的部队包围了。他一度想要狡辩，但他手下的人全都抛弃了他。他被带走并被保罗皇帝处以在西伯利亚服终生苦役。

"他死在那里。这就是一个曾经在欧洲最有教养的圈子里，无论是风度还是才智都非常出众的人的结局。我母亲那辈人至今还记得，他什么都招人喜欢。

"如果这个传奇故事发生的背景，在某种程度上不属于我们时代——它倒是很适合中世纪——我就不会给你们讲了。俄国在各个方面都要落后于世界四百年。"

K公爵停止说话,我们都感叹说,德·斯特恩贝格男爵属于拜伦笔下曼弗雷德和拉腊之类的人物。

"毫无疑问,"丝毫不在乎自相矛盾的K公爵说,"正是因为拜伦笔下的原型来自实际生活,他们在我们看来才显得不太可能。诗中的现实绝不是自然的。"

"非常正确,"我答道,"沃尔特·司各特的虚构产生了比拜伦精确的模仿更完美的幻觉。"

"也许吧,但您还必须注意造成这种区别的其他原因。司各特是描述,而拜伦是创造。后者哪怕是在叙述现实的时候也不太在乎现实,而前者甚至是在虚构的时候内心也充满现实的冲动。"

"那公爵您是不是认为,"我答道,"那位伟大的传奇作家具有的这种现实的冲动,跟他常常显得平庸有关?那么多不必要的细节,那么多俗套的对话!而且不管怎样,正是在描写人物的衣着和居住方面,他是最精确的。"

"等等!我要为我喜爱的沃尔特·司各特说两句,"K公爵大声说,"我不能允许这么有趣的一个作家受到侮辱。"

"说他有趣,这正是我认为他没有的那种长处,"我回答说,"一个传奇作家,需要一整本书来为一个场面做好铺垫，无论如何称不上有趣。沃尔特·司各特很幸运，生活在一个人们不再知道有趣为何物的时代。"

"他对人物内心的描写多精彩。"D公爵说——因为所有人都不同意我的看法。

"是的，前提是他不要让它说话，因为一旦他试图描写充满激情的和崇高的人，他就不知道该如何表达了。他用动作来刻画人物这点令人钦佩，因为相比于口才，他更有观察的技巧和能力；他的思维缜密有序；他出现在一个相宜的时代，以令人称奇的方式恢复和表现了最庸俗因而也最符合大众口味的观念和形象。"

"他是第一个用令人满意的方式解决了历史传奇这个难题的人，您不能抹杀他的这个功绩。"K公爵又说。

"宁可这个难题没有解决，"我答道，"没有受过教育的读者因为把历史与传奇混在一起而被灌输了多少错误的观念。这种混淆永远是有害的，而且在我看来一点也不有趣。即便是为了娱乐，我也宁可读奥古斯丁·蒂埃里先生[1]或其他同样严肃的作家的书，而不是去读真实人物的种种编造出来的传说。

"如果这是个趣味问题，"K公爵微笑着说，"我们

1　奥古斯丁·蒂埃里（Augustin Thierry，1795—1856），法国历史学家。

就不要再争论了。"他拉住我的胳膊，请我带他回他的包间。到了那里，他让我坐下，压低声音继续说道："现在没有别人，既然您喜欢历史，那我就给您讲个故事，比您刚才听到的涉及的等级更高：我只对您一个人讲这个故事，因为在俄国人面前不能谈历史。"

"您知道，彼得大帝犹豫再三，最终还是取消了莫斯科牧首的职位，为的是把皇冠和教皇冕戴在同一个人的头上。政治独裁就这样公开篡夺了它垂涎已久的无限的精神权力，实现了现代欧洲各民族此前闻所未闻的结合。中世纪教皇们的妄想，现在真的在一个拥有六千万人民的国家变成了现实。这六千万人当中有许多亚洲人，他们见怪不怪，绝对不会反对沙皇同时成为大喇嘛。

"彼得皇帝想要娶随军小贩叶卡捷琳娜。

"要想实现他心中这个最重要的目标，首先必须给未来的皇后找一个姓氏。我认为这是在立陶宛得到的。在那里，一个默默无闻的没有官职的绅士，先是变成了一个从血统来说的大贵族，后来又成了被选定的皇后的兄弟。

"俄国的专制主义不仅不尊重思想和情感，它还否认事实。它总是与证据作斗争，而且在斗争中大获全胜！！！因为证据在对权力不太方便的时候，就跟正义一样，在我们当中发不出任何声音。"

公爵这番大胆的言论把我吓了一跳。他在罗马接受过教育，并同俄国所有拥有虔诚的情感和独立的思想的人一样，倾向于天主教。他的话令我思绪万千，而他还在发表着他哲学家般的看法。

"在这场反对真理的战争中，老百姓，甚至大人物，都成了逆来顺受的旁观者。暴君的谎言不管多么明显，都会让奴隶感到高兴。暴君以为自己的政策很容易欺骗俄国人，可要是他行事不慎，忍受了那么多的俄国人就决不会再忍下去。人类的尊严掉进了绝对政府的深渊，为了不至于沉沦，会抓住能够得着的哪怕是最小的树枝。人的本性愿意忍受许多蔑视和不公，但不能忍受有人直截了当地告诉他，他遭受了蔑视和不公。如果人被行为激怒，就会用言语来报复。弄虚作假令人屈辱，结果，把暴君骂成伪君子成了一种可以给受害者带来安慰的报复。这是关于不幸的可悲并且也是最后的幻觉，可是对它必须予以尊重，以免奴隶变得更加卑劣、暴君变得更加肆无忌惮！

"过去有个古老的习俗，就是在庄严的公共游行中，由帝国的两个最大的贵族走在莫斯科牧首的旁边。

"这位沙皇兼教皇结婚的时候，他决定在迎亲队伍中选作随从的，一边是一个有名的波雅尔（俄国的贵族头衔），另一边是他新认的大舅哥；因为在俄国，君主的权力不仅能够制造出贵族，还可以把不是亲戚的人变成亲戚。对我们来说，专制主义比血统更有力量；皇帝不仅是天主的代表，他本身就是创造的力量；这种力量实际上比天主的力量还大。因为天主的力量仅及于未来，而皇帝可以修正过去。法律不溯及既往，但暴君的任性可以。

"彼得希望将其与皇后的新兄弟联系起来的那个人，是莫斯科最大的贵族，也是帝国中仅次于沙皇的大人物，名叫罗莫达诺夫斯基。彼得让手下的首席大臣通知他参加仪式，走在皇帝身边，他将与皇后的兄弟一起分享这项荣誉。

"'很好，'公爵回答说，'但是，我可望走在皇帝的哪一边？'

"'我亲爱的公爵，'廷臣答道，'您怎能提出这么一个问题？陛下的大舅哥当然走在右边。'

"'那我不参加。'高傲的波雅尔回答说。

"这个答复被报告给沙皇，结果就有了第二次通知。

"'你必须参加！'暴君命令说，'要么你参加，要么我绞死你！'

"'给皇帝回话，'那个不肯屈服的莫斯科人回答说，'我恳求他先对我的独子处以同样的判决。这个孩子才十五岁，他有可能会在看到我的死亡之后，因为恐惧而走在他君主的左边。但我坚信自己，无论是在处死我孩

子之前还是之后，决不会做玷污罗莫达诺夫斯基家族血统的事情。'

"沙皇——我这样说是要称赞他——让步了；但他为了报复那种莫斯科贵族的独立精神，便修建了圣彼得堡。

"尼古拉不会那么干，"K公爵接着说，"他会把那位波雅尔和他的儿子送到矿上，并下一道用法律术语写成的谕旨，宣布说不管是那个父亲还是儿子都没有子女；也许他还会下令说，那个父亲从来就没有结过婚。在俄国，这样的事情现在还经常发生。能够证明这一点的最好的证据，就是禁止我们谈论它们。"

虽然如此，莫斯科贵族的骄傲让人对导致俄国社会实际状况的那种独特的组合有了充分的了解。拜占庭的细腻与沙漠游牧部落的凶残之间畸形的结合，以及东罗马帝国的道德规范与亚洲的野蛮品德之间的搏斗，造就了欧洲现在看到的这个强大的国家，但对于其运作还不能理解。而它的影响力，欧洲或许要到以后才会感觉到。

我们刚刚看了一个例子，说的是专制权力如何受到贵族的挑战和羞辱。这一事实以及其他的许多事实，证实了我的一个想法：正是贵族最有力地制约了个人的专制，也就是制约了专制制度。贵族的灵魂是骄傲，民主的精神是嫉妒。现在我们会看到专制君主是多么容易上当受骗。

今天早晨，我们驶过雷韦尔[1]。那个地方成为俄国领土的时间不长；看到它，就让人想起查理十二的威名和纳尔瓦之战。这场战役中死了一个法国人，是瑞典国王麾下的德·克罗伊公爵。他的尸体被运到雷韦尔，但他在那里不能下葬，因为战役期间他在该省背上了债务，同时又没有留下任何可以偿还债务的东西。根据当地的一种古老的风俗，他的尸体被存放在雷韦尔教堂，直到他的继承人满足了债权人的要求。这具尸体现在还在那个教堂，已经一百多年了。因为利息，因为保存尸体每天收取的费用，原来欠下的债越拖越多，结果现在还不起了。

大约二十年前，亚历山大皇帝路过雷韦尔时参观了那个教堂。他对尸体可怕的样子十分震惊，于是下令将其立即埋葬。第二天，皇帝离开了，德·克罗伊公爵的尸体也被按时运到墓地。又过了一天，它被运回教堂，摆在它以前的位置。如果说俄国没有正义，那它好像有甚至比君主的意志还有力量的习俗。

在这次很短的旅程中，最让我觉得有趣的，是我出于公平的本能总是为俄国辩护，反对 K 公爵的观点。这为我赢得了所有听到我们谈话的俄国人的好感。这位和蔼可

1　现为爱沙尼亚首都塔林。

亲的公爵能够坦诚地发表关于自己国家的意见，至少向我证明，在俄国，有些人心里想的和嘴上说的是一致的。

当我把这话告诉他，他回答说，他不是俄国人！！多奇怪的说法！不过，不管是俄国人还是外邦人，他这人很直爽。他曾担任过一些最重要的政治职务，经历过两次沉浮和几任君主，现在年老体衰，但受到某个皇室成员的特别保护。那个皇室成员非常喜欢机智风趣，不会害怕它。另外，为了不会被送去西伯利亚，他假称自己正在写回忆录，并且已经把写好的几卷存放在法国。皇帝害怕引起关注，就像俄国人害怕皇帝一样。

我印象很深的是，俄国人对于外邦人有关他们的看法极为敏感。他们心里总是想着自己国家给旅行者可能留下的印象。要是德意志人、英国人和法国人总是想着这样愚蠢的问题，那该说他们什么呢？假如 K 公爵的同胞不喜欢他的讽刺，那与其说是因为他们自己的感情受到伤害，不如说是因为那些讽刺可能给我造成的影响。自从他们得知我是写游记的，我在他们眼里就成了大人物。

"您不要因为这个不爱国的俄国人就对俄国产生偏见，写的时候不要受他的影响；他那样说是希望贬损我们来显示他的法式机智风趣，其实他根本不是那么想的。"

这样的话一天要对我私下里说上十次。在我看来，就好像假如把俄国人想得更好、更文明一点，他们就会满足于变得比他们现在更差、更野蛮似的。我不欣赏用如此廉价的方式拥有真理的智者；文明不是时尚，也不是人造的装置，它是一种会造成结果的力量，是可以长出茎并开花结果的根。

"至少您不会像您的同胞那样把我们说成是北方的野蛮人。"每当我似乎对某段有趣的朗诵、某首民族歌曲，或者某种被认为是俄国人所具有的高尚的或富有诗意的情感感到很高兴的时候，就有人这样对我说。对于这种担忧，我会随口恭维几句作为回答。但我打心底里认为，相比于总是在模仿南方的傻瓜，我可能更爱北方的野蛮人。

原始的野蛮状态有药可治，而装腔作势则无药可救。

有个俄国学者是个语法学家，翻译过各种德国著作，不知道是哪所大学的教授，他在这段行程中，总是尽可能地跟我套近乎。他说，他一直在欧洲各地游历，现在充满热情地返回俄国，要在那里传播西欧现代思想中所有有价值的东西。他说话时的坦率在我看来有点可疑。那不是 K 公爵在谈话中处处表现出的独立性，而是故作开明，目的是套出别人的想法。

如果我没有弄错，在通常到俄国去的航线上，在吕贝克的旅馆里，在汽船上，甚至是在勒阿弗尔——那里因为德意志海和波罗的海的通航已经成了莫斯科大公国的边疆——总是可以看到某个这样的学者。

这个人从我身上没有套出什么话。他特别想知道我是否会写游记，所以很热心地把他的经历告诉我。最后，他在离开我的时候确信，我旅行只是为了散心，并没有想着要去发表关于即将开始的旅行的故事。这似乎让他满意了。但是，他的不安是消除了，而我自己的不安却被唤醒了。如果我把这趟旅行写出来，估计肯定会得罪某个政府，它比世上任何政府都更为狡诈、更为耳目众多。这不是一个好主意。我必须不能让人知道我写信的事，我必须说话小心。但我不需要假装什么：最完美的欺骗就是根本不戴任何面具的欺骗。

Lettre septième

第七封信

"尼古拉一世"号，7 月 10 日

俄国海军·德拉姆勋爵的话·付出了巨大努力却收效甚微·专制统治的娱乐活动·喀琅施塔得·俄国海关·阴郁的自然景观·对罗马的回忆·英国军舰的充满诗意的名字·彼得大帝的目的·芬兰人·喀琅施塔得的炮台·俄国下层雇员卑劣的品性·警方和海关的盘问·旅伴们态度的突变·北方人的薄情

喀琅施塔得是俄国人有理由为之骄傲的海上要塞。快到那里的时候，芬兰湾一下子热闹起来。四周到处都是正在活动的帝国舰队。一年中有六个多月的时间，舰队会因为结冰而停泊在港内，但是在夏季的三个月，海军学员会在圣彼得堡与波罗的海之间进行海上演练。从舰队旁边经过之后，我们再次航行在几乎没有人迹的海上。只有远处出现的商船，或者偶尔看到的冒黑烟的皮洛斯卡夫（Pyroscaph）——欧洲某些地区的航海语言中对汽船的带有学究气的称呼——还时不时地带来一丝生气。

从波罗的海海域冷清、单调的样子来看，附近肯定是一个因为气候严酷而人烟稀少的大陆。光秃秃的海岸与阴沉沉的天空和海面倒是很协调，只是让旅行者颇为扫兴。

这片海岸毫无吸引力，让人刚来就渴望离开。我叹着气，想起了叶卡捷琳娜一位宠臣的话。当时女皇抱怨彼得堡的气候影响了自己的健康，这位宠臣说："夫人，该怪罪的不是天主，是人非要把一个伟大帝国的都城，建在大自然注定了给狼和熊作为世袭财产的地方。"

我的旅伴们用非常自得的口气，不停地向我说明俄国海军最近的进步。我钦佩这一奇迹，但不会像他们那样夸大其词。它是现任皇帝的创造物，或者更准确地说，是现任皇帝的再创造物。这位大公自娱自乐，力图实现彼得一世最希望实现的目标，但是，人不管力量有多大，他迟早会明白，大自然的力量更大。只要俄国还受大自然的限制，俄国海军就会继续成为皇帝的消遣，仅此而已！

有人告诉我，在海军的演习季，年轻学员会在喀琅施塔得周围继续演练变换队形，而高级学员的发现之旅则远至里加，有时甚至是哥本哈根。

当我发现在我眼前经过的海军的所有这些表演，唯一的目的就是训练学员时，暗中升起的无聊感顿时浇灭了我的好奇心。

所有这种毫无必要的、既不是为了商业也不是为了战争的准备，在我看来不过是检阅。现在，天知道，俄国人也知道，检阅有什么意思！在俄国，人们对于检阅的嗜好没完没了。我甚至还没有踏入这个喜欢变换队形的帝国，就要在这里先参加一场海上阅兵。但我不该取笑这件事。规模宏大的孩子气的行为，在我看来是件荒谬的事情，除非是在暴政下，否则不可能发生，而它也许是暴政最可怕的后果！除了绝对专制的国度，所有地方的人们在付出巨大努力的时候，都会考虑一些重大的目标；只有在一个盲目顺从的民族，君主才会为了一点点成果不惜做出巨大的牺牲。

俄国海军为了让沙皇开心而齐聚首都的门口，这样的景象只会让人感到不快。这些军舰过上几个冬天，还没来得及提供任何服务，就会不可避免地损失掉。这让我想到的不是一个大国的力量，而是那些可怜的、倒霉的水兵注定要付出毫无作用的辛劳。相比于同外国的战争，冰冻对这支海军来说是更可怕的敌人。每年秋季，经过三个月的操练之后，学员回到牢房，玩具摆回盒子，霜冻开始向帝国财政发动更凌厉的战争。德拉姆勋爵[1]曾经对皇帝本人

---

1 德拉姆勋爵曾任英国驻俄大使（1835—1837）。

用一种直率得让他很是受伤的口气说，俄国的战舰不过是俄国君主的玩具。

至于我自己，这个孩子气的巨人绝没有预先就使我想要赞赏我有望在帝国内部看到的东西。从水路接近俄国的时候，要赞赏它，就必须忘记经泰晤士河到英国的通道。前者是死的形象，后者才是生的。

在喀琅施塔得前面抛锚的时候，我们得知，之前看到的一艘在我们周围演习的漂亮的军舰刚刚搁浅了。这次失事仅仅对于船长来说是危险的，他估计会被撤职，或许还会受到更严厉的惩罚。K公爵私下对我说，他要是和船一起毁掉倒还好些。同行的L公爵夫人有个儿子在那艘倒霉的船上。在喀琅施塔得总督带信过来说她儿子平安之前，她的心一直悬着。

俄国人总是对我说，必须在他们国家至少待上两年，才能对它做出判断，因为要理解它很困难。

但是，在那些渴望荣誉、想要写出博学的作品、有学问的旅行家身上，耐心和谨慎可能是必备的品质，可对我来说，到目前为止我一直只为朋友和自己写作，根本就没打算要让我的日记成为一项劳动成果。我有点担心俄国的海关，但他们要我放心，我的文具箱会得到尊重。

再没有什么比临近圣彼得堡时的大自然的样子更阴郁

了。沿海湾溯流而上，平坦的英格里亚[1]沼泽在远处变成了海天之间划出的一道细细的波浪线，这道线就是俄罗斯，它表示有湿地出现了。湿地中零星散布着几棵桦树。大地空荡荡的，没有色彩，没有边际，然而一点也不壮观。光亮仅可辨物；长满苔藓的灰色泥土与黯淡无力的太阳非常相称。太阳不是从头顶上，而是从地平线附近，或者说，几乎是从地平线下面照射到地面的。倾斜的光线与这块不招人喜欢的土地表面的夹角很小。在俄国，最晴朗的白天也是朦朦胧胧的，略带一点蓝色。如果说夜晚的特点是出人意料的明净，那白天就好像蒙上了一层忧伤、昏暗的外衣。

喀琅施塔得密密麻麻的墙桅，还有它的花岗岩基础和护墙，猛然打破了漫游者们单调的白日梦，他们像我一样，试图为这片沉闷的土地寻找生动的意象。我从未在接近其他任何大城市的地方，见过像在涅瓦河两岸那么阴郁的景象。罗马平原的确荒凉，但诗情画意以及与往日的联系，光与火，还有——如果可以，我要说，还有激情，让这片虔诚的土地充满生气。要抵达圣彼得堡，你就必须经过以泥炭的荒漠作为背景的水的荒漠。大海、海滨和天空全都搅在一体，好像一面镜子，但这面镜子十分昏暗，根本照

1　英格利亚（Ingria）指芬兰湾南岸地区，西起纳尔瓦河，北至卡累利阿
　　地峡和拉多加湖。

不出任何东西。

俄国海军那些漂亮的军舰注定了会在还没有来得及参加行动的情况下就走向死亡，这个想法像梦魇一样纠缠着我。

英国人谈到海上话题时总是充满诗意，他们习惯把皇家海军的军舰叫作战士。俄国人永远不会这样称呼他们用来检阅的军舰，这些廷臣或木头廷臣[1]不过是帝国公职人员的收容所。如果说看到这样一支毫无用处的舰队，激起了我内心的某种恐惧感，那这种恐惧不是对战争的恐惧，而是对暴政的恐惧。它让人想到了彼得一世的种种暴行，而彼得一世在俄国从古至今的所有君主中堪称典型。

一些由像爱斯基摩人一样邋遢的渔夫操纵的小得可怜的船，几艘拖运打造帝国海军的木材的船只，以及几艘大多是外国造的汽船，是唯一能给这幅画面带来生气的东西。这便是通往圣彼得堡的门户：从自然条件或者从一个伟大民族的实际需要来看，这个选址非常不合适；所有可能推翻这一选址的因素，想必都在彼得大帝的头脑中出现过，却没能打动他。大海，不惜一切代价，这便是他的想法。俄国人要在芬兰人当中，要在瑞典人身边，建造斯拉

1　这里作者用的是拟人化的表达方式：英国的军舰是战士（man of war），俄国的军舰是廷臣（man of court），或者是用木头做的廷臣。

夫人的帝都，这个想法太奇怪了！彼得大帝可能会说，他唯一的目的就是给俄国一座港口。但是，如果他拥有人们认为他拥有的天才，他应该预见到自己工作的范围，可在我看来，他并没有预见到。政体，恐怕还有皇帝因为受到老莫斯科人的伤害而想予以报复的自恋心理，决定了现代俄国的命运。

俄国就像一个精力旺盛的人，因为缺少外面的空气而感到窒息。彼得一世承诺给它一个出海口，但没有意识到，这里的大海一年当中必定有八个月处于冰封状态，是跟别的大海不一样的。不过在俄国，名义就是一切。彼得、他的臣民以及继任者虽然很了不起，但他们的奋斗只是创建了一座住起来十分困难的城市。每当大风从海湾吹来，涅瓦河都要和它争夺土地；这种与自然力的斗争使得人们每向南移动一步，都想着要彻底逃离这座城市。把花岗岩码头用来作为露营的地方太浪费了。

俄国人把他们的新都建在芬兰人中间，而芬兰人起源于斯基泰人，他们差不多仍然是异教徒，适合住在彼得堡这个地方。直到 1836 年才出现了一项法令，要求他们的神父在施洗时给儿童的圣名加上姓。

相面术几乎没有谈到这个人种。面部中间扁平到畸形的程度。男人又丑又脏，据说却十分强壮。不过，这并没能让他们免于贫穷。他们虽然是土著居民，可除了集日很少能在彼得堡见到他们。他们居住在周围的沼泽地和稍微高点的花岗岩山丘上。

喀琅施塔得是座岛屿，非常平坦，在芬兰湾中间。这座水上要塞高出海面的程度，仅仅勉强可以守卫通往圣彼得堡的航道。它的基础和许多工程都在水下。据俄国人说，它的大炮部署得十分巧妙，皇帝的骑士团可以从这里向敌人倾泻弹雨，因而这个地方被认为坚不可摧。我不知道这些大炮是否能控制海湾的两条通道。本来可以告诉我的那些俄国人是不会告诉我的。最近的经历让我明白，不要相信沙皇臣民那些自吹自擂、夸大其词的话。他们那样说是出于过分的热情，要为其主人效力。在我看来，只有在自由的民族中，民族自豪感才是可以容忍的。

我们大概是在那些实际上既无所谓开始也无所谓结束的日子当中的某一天的黎明到达了喀琅施塔得。对于喀琅施塔得，我现在懒得描绘，尽管不是不想夸上几句。

在这座静悄悄的要塞前面抛锚后，我们不得不花了很长时间，等待一群官方的大人物的到来。他们陆陆续续地上了船，有高级警官、海关关长和副关长，最后还有审计官本人。因为船上有几位显赫的俄国乘客，这位要人觉得自己有必要来看望我们。他和几位回国的公爵以及公爵夫人谈了很长时间。他们是用俄语交谈的,这很可能是因为他们谈论的话题是西方政治;但是,当谈到上岸的麻烦和需要把我们的马车留在喀琅施塔得时,他们就使用法语随意交流了。

特拉夫蒙德的邮船排水量太大,无法沿涅瓦河溯流而上,所以,乘客必须改乘一艘小一点儿的又脏又破的汽船继续向前。经过海关关员的检查,我们得到允许,可以随身带着轻一点的行李。这道手续结束后,我们便出发前往彼得堡,但愿留下来交给这些人负责的马车明天会安全抵达。

几位俄国公爵跟我一样,必须遵守海关的规定。但是在到达彼得堡之后,让我感到羞辱的是,他们不到三分钟就被放行,而我却不得不和各种各样的花招斗争了三个小时。

大量的吹毛求疵的措施让这里挤满了检查人员和低级官员。他们每个人都摆出一副事关重大、一丝不苟的样子,似乎在说——虽然一切都是默默地进行的——"闪开,我是尊贵的国家机器的一分子。"

这样的爪牙就像钟表的齿轮一样,是在外力的作用下活动的,但在俄国却被称为人!看到这些心甘情愿的机器人,我不禁心生恐惧:在沦为机器的个人身上,存在某种自然规律无法解释的东西。如果说在机械技艺盛行的地方，木头和金属似乎拥有人类的力量，那么，在专制制度下，人类似乎同样也变成了木头似的工具。我们自问，那他们多余的思想怎么办？一想到在智慧生物沦为物件之前，肯定被施加的那种影响，我们就感到不安。在俄国我同情人类，就像在英国我害怕机器一样。因为在英国，人创造的东西除了语言天赋之外，什么都不缺，而在这里，语言天赋对于国家创造的东西来说，是没有必要的。

不过，不可思议的是，这些机器——灵魂的存在对于他们的运转来说是个累赘——却表现得彬彬有礼。很容易看出，他们从摇篮时就在接受训练要注意礼貌，就像要管好武器一样。但是，当温文尔雅的形式在起源上带有强迫的意味时，它们又有什么价值？人的自由意志是神圣的，单是它本身就可以让人的行动变得有价值或者有意义。单是选择主人的权力本身就可以让忠诚变得有价值。因此，在俄国，既然下级没有任何选择，无论他说什么和做什么，都是没有价值、没有意义的。

我不得不应对的无数问题，以及必须通过的盘查，都向我发出了警告：我正在进入"恐惧帝国"。这让我的情绪十分低落。

我被迫来到检查人员组成的阿勒奥帕格斯山[1]面前。检查人员集中起来是为了审问乘客。在这个可怕但不庄严的特别法庭，几个成员坐在一张很大的桌子前面。他们中的有些人在专心翻看着登记簿，样子很阴险，因为他们名义上的差事不足以说明为什么要如此严肃。

有些成员手里拿着笔，听着乘客，或者更准确地说被告的回答，因为每个外邦人在到达俄国边境时都被当作有罪的人对待。所有的回答都被仔细地记录下来，护照也要仔细检查，并且要扣下，说是到彼得堡再还。

这些手续办好后，我们上了那艘换乘的汽船。一小时一小时地过去了，仍然没有听说要开船。不时地有别的小船从城里朝着我们的方向划过来。我们的船停在靠近护墙的地方，却听不到一丝声音。这座坟墓里没有传出一点声音。坐着船在周围滑行的那些幽灵同样也悄无声息。他们穿着带风帽的灰色粗羊毛长斗篷，面无表情，目光呆滞，肤色发绿或发黄。有人告诉我，他们是要塞的水兵，但他们更像是士兵。有时，这些小船静悄悄地在我们周围经过。有时，六个或十二个衣着破烂的船夫——披着羊皮，羊毛朝里，满是污垢的皮子朝外——给我们送来一些新的警务人

1　阿勒奥帕格斯山（Areopagus）是古雅典城邦最高法院所在地，因而也就成了最高法院的代名词。

员，或者是慢条斯理的海关关员。来来往往的这些人虽然没有让我们的事情办得快一点，但至少让我有空去思考这些北方人所特有的肮脏。那些南方人半裸着生活在露天里，或者生活在水上，而那些北方人，大多关在室内，油腻而肮脏，这在我看来，远比注定生活在空旷的天空下和生来就沐浴在阳光中的人们的疏懒更令人讨厌。

我们不得不忍受俄国人这些冗长的手续，这给了我一个观察的机会，让我注意到这个国家的大人物，在公共规定给他们自己带来不便的时候，一点也不想耐心地忍受那些不便。

"俄国到处都是没用的手续。"他们相互间小声地嘀咕。但他们说的是法语，那样就不会被低级雇员听出来。我记住了这话。这话很公道，我自己的遭遇在这方面给我留下的印象太深了。就我目前为止所能观察到的事实而言，一本应该取名为《俄国人的自我评价》的著作，将会是很严厉的。对于他们来说，热爱他们的国家不过是吹捧其主人的一种方式。一旦觉得那个主人听不到，他们就会肆无忌惮，口无遮拦——这种肆无忌惮更让人心惊肉跳，因为听到的人是负有责任的。

我们被耽搁的原因终于知道了。海关的头头中的头头，关长中的关长，再次出现了：原来我们稀里糊涂地等了这么长时间，就是等这次看望。起初，这位大官唯一的正事，似乎就是在俄国女士中扮演时尚男人的角色。他向 D 公爵夫人提到，他们在某个宅邸见过面，可公爵夫人压根就没去过那里；他对她说起的宫廷舞会，她也根本没见过。但是，就在继续显示这些宫廷派头的同时，休息室里的海关关员彬彬有礼地一会儿没收一把阳伞，一会儿拦下一只皮箱，或者是把手下已经认认真真做过的检查，再不急不忙地做一遍。

俄国在管理上做得很细致，但不能防止混乱。不厌其烦是为了达到一些无关紧要的目的，而那些被雇用的人以为，他们无论做多少都不足以表现自己的热忱。办事员之间以及部门长官之间这种竞争的结果是，办好某道手续并不能保证外邦人不需要再办一道手续。这就好比打劫。倒霉的人在遇到打劫的时候，逃脱了第一伙歹徒，又会落到第二伙、第三伙的手里。

帝国的看守长继续慢腾腾地检查船只。最后，这位香喷喷的刻耳伯洛斯 [1]——因为隔着一里格远就能闻到他身上的麝香味——把我们从等待进入俄国的仪式中解放出来。我们很快就起航了，这让那些公爵和公爵夫人十分高

1　希腊罗马神话中守卫冥府入口的长着三个头的猛犬。

兴，因为他们就要和家人团聚了。他们的高兴证明了吕贝克的店主人说得不对。至于我，我倒不觉得有多高兴。相反，我很遗憾，要结束与他们愉快的交往，然后置身于一个周围地区毫无吸引力的城市。但是，那种交往的魅力已经散去；当我们接近旅程的终点时，曾经把我们联结起来的纽带就断裂了，因为那些纽带很脆弱，只是出于航行中的一时需要才形成的。

北方的女人很懂得如何让我们相信，她们本就渴望遇见命运让她们遇见的事情。这不是欺骗，这是风雅，是对命运的顺从，是极致的优雅。优雅总是自然的，尽管那并不能防止它经常被用来掩盖谎言。在优雅的女人和充满诗意的男人当中，生活的剧烈冲击以及令人不快的限制性影响都不见了踪影；她们是世上最容易让人上当受骗的生物；不信任和怀疑在她们的面前立不住脚；她们创造出她们想象的东西；如果她们不对别人撒谎，她们就对自己的心灵撒谎；因为幻觉是她们的要素，虚构是她们的使命，而表面上令人高兴的事情则是她们的幸福。当心女人的优雅和男人的诗意，这两样武器最不可怕所以才更加危险！

这就是我在离开喀琅施塔得护墙时的想法：我们仍然在一起，可我们已不再团结。那个圈子除了昨天晚上之外，一直是由一种在交往中少有的默契暗暗推动的，可现在它却失去了它最重要的原则。在我看来，到目前为止，没有什么比这个突然的变化更令人沮丧了。我承认，它是世上令人高兴的事情的附加条件，我已经预见到这一点，因为我有过无数次同样的经历；但此前它从未让我觉得这样突然。再者，还有什么烦恼比那些我们无法申诉的烦恼更令人痛苦呢？我看到每个人都将重新回到他自己的道路；将旅行的人们为了同一个目的团结起来的那种情感的自由交流，在他们中间不复存在；他们即将回归现实生活，而我却要孤零零地到处漂泊。不停地漂泊绝不是生活。我感到自己被抛弃了。我比较着自己的孤独郁闷与他们享受的家庭乐趣。孤独可能是自愿的，但是不是它因此就会甜蜜一点？此时此刻，在我看来无论什么都要好过我的茕茕孑立，我甚至怀念起家庭生活的种种烦恼。从女人的眼中，我看得出她们在想着丈夫、孩子、帽商、美发师、舞会，还有宫廷；虽然有昨天的声明，但从她们的眼中，我同样也看得出，我不再是她们关心的对象。北方人的心思多变；他们的感情就像他们太阳微弱的光线一样，总是有气无力。这些为入侵而生的人，无论是人还是物都不会成为他们始终喜欢的对象（所以他们才愿意离开他们出生的地方）。他们仿佛只是注定了要在天主指定的时代，从极地向南横扫，让受到天上的烈火以及内心激情的烈火炙烤的南方民族，经受锻炼并恢复活力。

　　到达彼得堡的时候，我的"朋友们"因为他们的地位而受到特殊的照顾，很快就从那座水上监狱解放了，任由我被警察和海关的锁链锁在里面，他们甚至没有对我说声再见。说再见又有什么用呢？我对他们来说已经无所谓了。与家里的母亲相比，旅行者算得了什么？没有一句亲切的话，没有看上一眼，没有费心再想到我。影子消失后，剩下的只有幻灯的白色幕布。我再说一遍，我已经料到会是这样的结局，但没有料到它给我带来的痛苦；在我们的内心，有我们无法预料的各种情绪的源头，这话说得一点没错。

　　就在上岸的三天前，我们的两位美丽而亲切的旅行者还要我答应，到了彼得堡后去看望她们。那里的宫廷现在召集起来了。

第八封信

彼得堡，7 月 11 日

从涅瓦河到彼得堡的水路·该地区的气候和外观与建筑风格不协调·对希腊建筑杰作拙劣的模仿·海关和警察·盘查·上岸时面临的困难·街道的样子·彼得大帝的塑像·冬宫·在一年内得以重建·采取的办法·俄国的专制·从赫贝施泰因那里引用的话·卡拉姆津·民众性格与政府性格的一致性

在一个法国人眼里，彼得堡街道的样子有点奇怪。我会尽力去描绘它们，但我首先必须注意从涅瓦河到彼得堡的水路。它非常有名，俄国人也的确有理由为之骄傲，虽然我觉得它名不副实。隔着老远，一座座尖塔开始映入眼帘，那效果与其说有气势，不如说很特别。在远处的海天之间，可以看到陆地雾蒙蒙的轮廓。继续向前，轮廓的某些地方显得不太规则。靠得更近才发现，这些不太看得清楚的不规则的东西，原来是俄国新都大建筑的杰作。我们先是认出了希腊式的尖塔和修道院的镀金顶塔，然后是一些现代的公共建筑——交易所大厦的立面、大学的白色柱廊、博物馆、营房以及花岗岩码头边上的宫殿。进城的时候要经过几座斯芬克斯像，也是用花岗岩造的。它们体积庞大，看起来很有气势，但这些仿古作品毫无艺术价值。拥有宫殿的城市永远是华丽的，可模仿古典杰作就让人诧异了，因为那里的气候条件非常不适合摆放这些模型。

不过，四面八方耸立的形形色色、密密麻麻的角楼和金属塔尖——这不管怎么说也算是带有民族特色的建筑风格——很快便使外邦人应接不暇。彼得堡的两侧有很多大型的修道院，修道院顶上带有尖塔。这些敬神的大建筑充当了这个不敬神的城市的堡垒。俄国的教堂保留了它们的原始风貌，但是，发明出那种笨拙而任性的拜占庭风格的并不是俄国人，俄国人只是在这方面非常突出。这个民族的希腊宗教，他们的性格、教育和历史，都证明了他们借鉴东罗马帝国的做法是对的；他们可以在君士坦丁堡，但不可以在雅典寻找典范。

从涅瓦河上看去，彼得堡码头的矮墙醒目而华美，可刚一上岸就发现，码头是用燧石铺成的，铺得很差，不平整，看着不舒服，走在上面也不方便，还容易弄坏车轮。这里流行的趣味是富丽堂皇：塔尖是镀金的，并像导体一样逐渐变细；柱廊的基础差不多全都隐没在水下；广场饰有纪念柱，而那些纪念柱与周围巨大的空间相比，就好像没有一样；古代的雕像感觉就像被敌国俘虏的英雄，因为其性格及服饰与该地区的外观、天空的颜色、居民的风俗习惯格格不入；流落异乡的大建筑，那些寺院就像是从希腊的群山之巅掉进了拉普兰的沼泽——这些就是刚开始看到圣彼得堡时给我印象最深的东西。

雄伟的异教神庙以其水平的线条和极简洁的造型，矗立在爱奥尼亚海滨岬角的顶端，阳光从伯罗奔尼撒巨石丛中透过，把大理石照得熠熠生辉。可在这里，那些异教神庙却成了一堆堆的灰泥和砂浆；希腊雕像无与伦比的装饰效果，古典艺术精妙的细节，全都让位于现代装饰难以名状的怪诞风格，而这种更替却被当作纯粹艺术趣味的证明，在芬兰人中间传播。对于完美的东西来说，部分模仿就是在糟蹋它。我们应当要么完全复制典范，要么彻底创新。但是，在一个沼泽密布，水面与陆地几乎平齐，因而始终受到河水泛滥威胁的平原上，要想复制雅典的杰作，不管复制得如何忠于原作，都是会失败的。在这里，大自然向人启示的与人自己想象的恰好相反。它要求的不是模仿异教的神庙，而是大胆的、富有创造性的造型和垂直的线条，以便穿透极地天空的薄雾，使得彼得堡地区阴沉沉的湿地草原的表面不至于显得太过单调。那草原之大，超乎目力，也超乎想象。我开始明白，俄国人为什么那么热心地要我们在冬天拜访他们，那是因为六英尺厚的大雪会把所有这种阴郁沉闷的样子掩盖起来；而在夏天，我们可以看到这片土地。有人告诉我说，到彼得堡地区以及相邻的省份看一看就会发现，几百里格的路上，无非是池塘和泥淖，矮小的冷杉和深色树叶的桦树。对于这类色彩黯淡的植物，冬天的白色覆盖物肯定更好。至少在旅行家接近芬兰和瑞典之前，各地的风景都一样，都是同样的平原和灌木。在快到芬兰和瑞典的地方，旅行家会发现连绵的、上面有松树的花岗岩小山。松树改变了这片土地的外观，只是没有给风景带来多大的变化。不难相信，在其平坦、裸露的地表竖立几排纪念柱，对于缓解该地区阴郁的气氛几乎无济于事。希腊的列柱中庭适合于山区，而在这里，在人类的发明与自然的馈赠之间，根本就不协调。总之，一种缺乏趣味的对于大建筑的嗜好主导了圣彼得堡的建筑。

但是，不管这些有损市貌的愚蠢仿制品如何有悖我们对于美的认知，想到某人一声令下，一座巨大的城市便从大海中拔地而起，而且它还要防范冰层融化所带来的周期性泛滥，以及河水的长期泛滥，这不能不令人钦佩。

喀琅施塔得的汽船在海关对面的英国码头前面抛了锚，

不远处便是那个有名的广场[1]，广场的巨石上有彼得大帝的塑像。

我很乐意为读者省去警方及其忠实盟友海关打着"简单"手续的名义对我再次实施迫害的具体细节，但是，对于在俄国的海上边境等待着外邦人的种种困难，我有责任做出公正的说明：人们告诉我，从陆路进入俄国比较容易。

彼得堡的太阳一年中有三天是很难忍受的，我抵达时恰好是这三天当中的一天。迫害者先是把我们（不是俄国人，而是我和其他外国人）扣押在甲板上，我们顶着上午的烈日，无遮无掩地待了很长时间。当时是八点，而从午夜过后一个小时，天就亮了。他们说有列氏三十度[2]。别忘了，这个温度在北方要比在炎热的气候区难受得多，因为北方空气中的水汽太多。

最后，我又被叫到一个法庭面前，它跟喀琅施塔得的那个一样，是在我们船舱里召集的。向我提出的是同样的问题，提问时是同样彬彬有礼，而且我的回答也用同样的手续记录下来。

"您来俄国的目的是什么？"

"来看看这个国家。"

1　即十二月党人广场。

2　列氏温度转换为摄氏温度，须乘上 1.25，此处为三十七摄氏度左右。

"在这里这不属于旅行的动机。"

（这个反对的理由显得多么谦恭！）

"我没有别的动机。"

"您在彼得堡打算看谁？"

"所有我可能有机会结识的人。"

"您准备在俄国待多长时间？"

"我不知道。"

"大概呢？"

"几个月吧。"

"您有公开的外交使命吗？"

"没有。"

"秘密的呢？"

"没有。"

"有科学方面的目的吗？"

"没有。"

"您是您的政府雇来调查本国的社会政治状况的吗？"

"不是。"

"是受雇于某个商会吗？"

"不是。"

"那么，您旅行纯粹是出于好奇？"

"是的。"

"如此说来，是什么让您选择了俄国？"

"我不知道。"

等等，等等。

"您带了给本国什么人的介绍信吗？"

对于这个问题，事先有人警告过我，如果回答时太老实会有麻烦，所以，我只提到了我的银行家。

在这个巡回审判庭庭审结束的时候，我碰到了我的几个"共犯"。这几个外邦人很倒霉，已经被弄得手足无措，因为在他们的护照上发现了一些不符合规定的地方。俄国警方鹰犬的鼻子灵得很，而且对待不同的人方式很不一样。我们乘客中有个意大利商人，对他的搜查非常过分，连他身上的衣服和他的小笔记本也不放过。要是对我也这样搜查，我就会被宣布为可疑分子。我的口袋里装满了介绍信，虽然大部分是俄国大使本人以及其他几个同样有名的人给我的，但它们是密封的，这使得我不放心把它们放在文具箱里。警方让我通过了，没有搜我的身；但最后，当我的行李在海关关员面前打开的时候，这些新的敌人仔仔细细地检查了我的财物，尤其是我的书。这些书全被没收了，我的抗议没人理会，但在此过程中，他们始终表现得特别有礼貌。两把手枪和一个老式的小钟也被拿走了，我不明白没收的理由是什么。我能得到的只是说，以后会把它们还给我。

现在我上岸已经超过了二十四个小时，但还一点没有恢复过来，而且最让我尴尬的是，我的马车出了岔子，从喀琅施塔得转运到某个俄国公爵的住址了。这需要费些周折以及没完没了的解释，以证明错在海关的工作人员，因为收到我马车的那位公爵离家了。

九到十点钟的时候，我个人终于脱离了海关的毒牙，并在码头遇到的一位德意志旅行者的关照下，进了彼得堡。那位德意志旅行者是我在码头偶然碰到的。即便是间谍，他无论如何也是一个能帮上忙的间谍。他会说法语和俄语，还为我弄了辆俄式的四轮敞篷马车，同时，他亲自帮助我的男仆把我已被放弃的那部分行李用大车运到库隆旅馆。

库隆是个法国人，据说他经营的旅馆是彼得堡最好的，不过那也没什么了不起。在俄国，外国人很快就会把自己的民族特色丢得一干二净，同时又从不吸收当地的特色。

那个热心的外邦人甚至为我找了个会说德语的向导，他坐在马车后面，好回答我的问题。这人让我知道了在去旅馆的途中经过的建筑物的名字。到旅馆去花了一些时间，因为彼得堡的距离很远。

首先引起我注意的，是叶卡捷琳娜女皇竖立的那座非常有名的彼得大帝塑像。马背上的人物既不是古代的，也不是现代的，而是路易十五时代的罗马人。为了帮助支撑马的重量，马蹄踏着一条巨蛇。这是个拙劣的构想，反倒暴露了艺术家的无能。

我在一座大建筑的脚手架前停留了片刻。那座建筑还没有完工，但在欧洲已经出了名，就是圣以撒大教堂。我也看到了新冬宫的立面，那是人的意志运用人的体力与自然法则作斗争的又一非凡的成就。这个目的已经达到，因为这座宫殿用了一年时间就从灰烬中矗立起来，而且我认为，它是现存宫殿中最大的一座，有卢浮宫和杜伊勒利宫加在一起那么大。

为了赶在皇帝指定的时间前完工，就必须付出前所未闻的努力。内部装修在严寒时期继续进行；长期雇佣的工人达六千人；他们中每天都有不少人死去，但死者的空缺马上就被其他勇士填上了，轮到他们在这场不光彩的行动中送死。所有这些牺牲的唯一目的，就是满足某个人的心血来潮！

在自然情况下，也就是说，在古代就变得文明的民族当中，只有为了共同的利益才会拿人的生命冒险，而且那种共同利益的紧迫性是得到普遍认可的。但是，彼得大帝这个榜样毒害了多少代君主啊！

在霜冻期，气温达到列氏零下二十五到三十度，六千个无名烈士——没有功劳的烈士，因为他们的服从并非出于自愿——被关在加热到列氏三十度的大厅里，为的是让墙壁干得快一点。因此，在进出这座死亡之所，这座由于他们的牺牲而注定成为虚荣、华丽和享乐之所时，这些可怜的人儿将不得不忍受五六十度的温差。

在乌拉尔的矿井中的工作对生命的害处要小一点，然而，在彼得堡雇佣的这些工人不是犯人。有人告诉我，粉刷加热到最高温度的大厅内部时，那些工人为了在高温下保持清醒，不得不戴上一种装有冰块的帽子。如果说想让世人厌恶艺术、高雅、奢侈以及宫廷的所有浮华，还会有更有效的办法吗？然而那位君主却被那些纯粹是为了满足帝国的虚荣心而在他眼前毁灭的人称为父亲。给我提供这些细节的那些人，既不是间谍，也不是俄国的不满分子。我保证这些细节的可靠性。

花在凡尔赛宫上的几百万，养活的法国工人的家人，和冬宫这十二个月害死的斯拉夫农奴一样多。但是，通过这种牺牲，皇帝一声令下，奇迹就出现了。这座宫殿建得普遍都感到满意，现在即将用盛大的婚礼来庆祝它的落成。在俄国，君主即便没有为人类生活带来多大的价值，也可能受到欢迎。任何大事要想做成，不能不付出努力；但是，当一个人同时代表着民族和政府的时候，他理应恪守规则，除非是为了某个值得努力的目标，否则就不要按下他有权发动的那台机器的重要的弹簧。以大批奴隶的生命为代价去创造奇迹可能很了不起，但它太了不起了，最终会惹得人神共愤，向这些不人道的奇迹复仇。人类崇拜光明，俄国人崇拜晦暗；他们的眼睛什么时候会睁开？

我不是说他们的政治制度没有一点好处，我只是说它确实带来的一点好处代价太高。在思考这个民族对于奴隶制的留恋时，外国人不是现在才首次感到惊讶。赫贝施泰因男爵[1]是查理五世的父亲马克西米利安皇帝派到沙皇瓦西里·伊凡诺维奇那里的使者，下面这段话摘自男爵的书信，是我在卡拉姆津[2]的书里看到的。

如果俄国人知道有个细心的读者就是从他们为之骄傲的这位历史学家那里——外国人在向其求教时极不信任，因为他作为廷臣不能做到不偏不倚——搜集到的全部信息，他们会恳求皇帝禁止人们阅读他的作品和所有其他的历史著作，这样，他们就会停留在蒙昧状态，这对于专制君主

1　赫贝施泰因男爵（Baron Herberstein，1486—1566），克拉尼斯卡人（今属斯洛文尼亚），外交家、作家和历史学家，曾在 1517 年和 1526 年两次代表神圣罗马帝国皇帝出使俄国，他的关于俄国地理、历史和风俗的著作是西欧早期了解俄国的主要来源。

2　尼古拉·米哈伊洛维奇·卡拉姆津（Nikolay Mikhailovich Karamzin，1766—1826），俄国历史学家、诗人和记者。

的安宁及其臣民的快乐都有好处，因为臣民只要其他人不说他们是牺牲品，就相信自己是幸福的。

赫贝施泰因在描写俄国专制制度的特征时写道："他（沙皇）说句话，事情就办了；俗人和教士、贵族和市民的性命及时运，全都取决于他至高无上的意志。他不知反驳为何物，他所做的一切都被认为是公平的，就如同是天主做的一样，因为俄国人相信，他们的君主是天命的执行人。于是，'依照天主和君主的意志''天主和君主知道'，就成了他们中常见的说法。他们想要为他效劳的热情无与伦比。他的一位最重要的官员，一个白发苍苍、德高望重的人，从前的驻西班牙大使，在我们进入莫斯科时来和我们会晤。他策马奔驰，像年轻人一样身手矫健，直到额头出汗。当我向他表示惊叹时，他说：'啊，男爵先生，我们为君主效劳的方式跟你们的完全不同。'

"我说不清楚是俄国的国民性格塑造了这样的专制君主，还是专制君主自己使国民养成了这样的性格。"

这封信是三百多年前写的。它对俄国人的描写和我现在看到的一模一样。就像马克西米利安的使者一样，我也想问，是俄国人的性格造就了君主专制，还是君主专制造就了俄国人的性格？我和那位德意志外交官一样，百思不得其解。

不过，在我看来，影响是相互的：如果不是在俄国而是在别的地方，俄国政府根本建立不了，而如果是在不同于他们现存的政府统治下，俄国人决不会成为他们现在的样子。

我还要再引用那位作家卡拉姆津的一段话。他重复了十六世纪到访过莫斯科的旅行家们的看法。"这些外邦人说，大公的富有有什么可奇怪的？他的钱既不给他的军队，也不给他的使者；他甚至还把那些使者从国外带回来的所有值钱的东西拿走。正因为如此，雅罗斯拉夫斯基公爵在从西班牙回来的时候，不得不把斐迪南皇帝兼大公给他的所有金链子、项圈、值钱的东西和银器都交到国库。不过，这些人没有怨言。他们说，'大公拿走了，大公还会给'。"俄国人在十六世纪就是这样说沙皇的。

如今在巴黎和彼得堡，都会听到一些俄国人兴奋地谈论着皇帝说话的巨大作用，而在夸大这些结果的时候，没有哪个人肯费心想一想所使用的手段。"皇帝说的话是会创造的。"他们说。是的，它能用让人毁灭的方式给石头注满生气。虽然有这么一个小小的限制，但所有的俄国人都能骄傲地对我们说："你们要花三年时间来考虑用什么办法改建一座剧院，而我们皇帝用了一年时间就把世界上最大的宫殿再次建起来。"他们不觉得这种幼稚愚蠢的凯旋代价太昂贵，是用几千名可怜的工匠的死亡换来的。工匠们因为那位君主的急躁，因为那位皇帝的幻想而丢了性命——皇帝的幻想成了民族的荣耀。虽然我作为法国人在这种成就中看到的只是毫无人性的炫耀，但是从这个庞大的帝国的一端到另一端，对于绝对权力的恣意妄为，没有人提出一点抗议。

这里的人民和政府是一个声音。一个在自我崇拜中长大的人，一个被六千万人，或至少是六千万像人一样的东西当作无所不能而受到敬畏的人，是不会去结束这样的状态的。这一点我并不奇怪。我奇怪的是，在把这些事情说成是个人荣耀的那些声音中，没有一个脱离这种大合唱，出于对人道的支持而抗议这样的专制的奇迹。对于俄国人，伟大而渺小的俄国人，可以说，他们陶醉于奴隶制。

第九封信

彼得堡，7 月 12 日

俄式四轮敞篷马车·底层人的服装·用木头铺成的人行道·早晨的
彼得堡·兵营一样的城市·俄国与西班牙的对比·暴政与专制的区
别·官阶表·俄国政府奇怪的特点·俄国的艺术·一家俄国旅馆·在
那里遇到的倒霉事情·米哈伊尔宫·保罗一世之死·被难住的探子·涅
瓦河、码头和桥梁·彼得一世的小木屋·要塞、坟墓和地牢·圣亚
历山大·涅夫斯基教堂·俄国老兵·沙皇的简朴·俄国人对未来的
信心及其实现·慕尼黑与彼得堡的对比·要塞内部·历代帝王的坟
墓·地牢·俄国的囚犯·上层阶级在道德上的堕落·天主教堂·缺
乏保障的宽容·波兰国王以及莫罗的坟墓

我获准进入彼得堡是在前天的九到十点钟。

城里的居民起得不早，都那时候了，城市给人的感
觉还是空荡荡的。偶尔我遇到几辆俄式四轮敞篷马车。
车夫们穿着这个国家的服装。头一次看到这个城市，这
些人、他们的马和马车独特的样子，给我留下的印象比
什么都深。

彼得堡的下层阶级，不是搬运工，而是工匠、马车
夫、小贩等等，他们的着装和外表一般是这样的：头上戴

的要么是没有帽檐的帽子，形状有点像甜瓜，要么是窄边帽，低顶，而且顶比底宽。这种头饰略微有点像女人的头巾，现在年轻的男人戴这种帽子。男人不管是年纪轻的还是年纪大的，都留着胡须。时髦男人的胡须柔软光滑，经过仔细梳理，而老人和马虎人的胡须看上去又脏又乱。他们的眼神很奇怪，非常像亚洲人那种狡黠的眼神——像到有时你观察他们的时候，会以为自己是在波斯。

他们两鬓的头发很长，垂到脸颊，遮住了耳朵；但他们后面的头发剪得很短，这种很有创意的发型使得后颈完全露在外面，因为他们不戴领巾。胡须有时垂到胸前，有时剪得贴着下颏。这种修饰非常重要。和我们年轻而现代的花花公子的长筒袜、背心以及长礼服相比，它与服装的整体效果更相称。

俄国人对于如画美[1]有着天生的洞察力；他们的风俗、家具、器皿、服饰以及图案都会成为画家的题材，彼得堡所有街道的街角都可以为优美的画作提供素材。

不过还是接着讲完他们的民族服装吧。代替我们的长外衣和长大衣的，是一种宽松的波斯长袍，用灰色、橄榄色或者更常见的蓝色布料做成。这种长袍没有领子，但裁

---

1 如画美（the picturesque）是由英国乡村牧师、作家和艺术家威廉·吉尔平（William Gilpin，1724—1804）提出的一种风景美学理念。

得贴近脖子。它的褶层就像一幅宽敞的帘子，用色彩鲜亮的丝绸或羊毛的腰带束在腰间。靴子很大，并仿照脚的形状。靴筒上部的皮子垂下来，或者翻过来，形成的褶子还算漂亮。

俄式四轮敞篷马车的独特造型很有名；多多少少比较精确的仿制品随处可见。那是可以想象得到的最矮、最小的马车，载上两三个人，它几乎就被遮住了。它有一个软座，围着四片擦得锃亮的皮革做成的挡泥板。软座由四根小的弹簧架在四个极矮的车轮上，纵向放置。车夫坐在前面，双脚几乎可以碰到马的跗关节，而紧挨着后面，他的主人们挤在一起，跨坐在座位上，因为有时要两个男人同乘一辆车。我没有看到过女人是怎么坐的。这些奇特的车辆小虽小，却要套上一两匹或有时是三匹马。辕马的头套在一根大的凸起的半圆形曲木里。曲木看上去就像移动的凯旋门。它不是马轭，因为马脖子在曲木下方隔了很大距离；它有点儿像马戏团里的大圈，那牲口仿佛正在很得意地穿过它。挽具的各个部分调整得都很好，和那个不可谓不漂亮的大圈很相称。圈上挂着铃铛，可以告诉人们马车来了。

看到这种所有马车中最矮的马车在两排所有房屋中建得最矮的房屋之间疾驰，几乎意识不到这是在欧洲。第二匹马拴在前一匹马的近侧，受到的约束要少些；它的头是自由的，所以它总是跑得飞快，哪怕在它套着马具的同伴只是小跑的时候。

俄式四轮敞篷马车起初不过是一块粗糙的厚木板，装在四只小车轮之间，而车轮则装在几乎碰到地面的车轴上。这种原始的马车现在已经大大改进了，但仍然保留了原有的轻便和奇怪的外表。跨坐在座位上，感觉就像骑着某种驯兽，可要是不喜欢这种马背，人也可以侧过来坐，拽住车夫，因为他总是把车赶得飞快。

有一种新的俄式四轮敞篷马车，它的座位不是纵向固定的，而且车身的形状像两轮轻便马车。它近似于其他国家的马车，并带有英式味道；这就更糟了，因为和所有人一样，我喜欢具有民族特色的东西，对于被淘汰的事物会感到惋惜！这些很少看到的马车在彼得堡街头凹凸不平的石头路面颠簸很厉害，虽然某些区域的路况得到了改善，在路的两边铺了两行木块。大一点的街道有这样的路面，马车在上面走得非常快，特别是在干燥的天气，因为下雨会使路面湿滑。北方这些马赛克一样的路面非常昂贵，因为它们需要不停地维修，但它们比石头路面好。

我遇到的那些人动作僵硬而拘谨，所有姿势都体现了一个不属于他们自己的意志。早晨是跑腿办事的时候，可没有一个人看上去像是在为自己走路。我几乎看不到好看的女人，也听不到小姑娘的声音。一切都很乏味，循规蹈矩，就像在兵营。军纪支配着整个俄国。这个国家的面貌让我非常想念西班牙，仿佛我生来就是个安达卢西亚人。不过，我需要的不是热，因为这里快把人闷死了；我需要的是光和轻松愉快。这里不懂得爱和自由之于心灵，以及明亮多彩之于眼睛意味着什么。总之，俄国在各个方面都与西班牙刚好相反。想象力几乎可以辨认出徘徊在这个国家上空的死亡的阴影。

这时出现了一名骑兵军官，从身边疾驰而过，似乎是带着给某个指挥官的命令。接着是一名轻骑兵，带着给某个省长的命令，而那个省长也许是在帝国的另一端。轻骑兵去那里要坐着基比特卡（kibitka），那是俄国的一种小型双轮马车，没有弹簧或软座。这辆马车由一个留着胡须的老车夫驾驭，带着信使跑得很快。信使的级别不够，即便有可供他使用的比较宽敞的马车，他也没有资格动用。接下来看到的是步兵，他们训练结束返回营房，以便接受他们长官的命令。这群机器人就如同棋盘上的一方。在棋盘上，一个人就能让所有棋子动起来，但棋盘上的对手是看不到的。要是没有皇帝的命令，这儿的人既不能动，也不能喘气。结果，一切都很乏味、刻板、没有生气。沉默主宰了生活，让生活丧失了活力。军官、马车夫、哥萨克、农奴、廷臣，都是同一个主人的仆人，盲目地服从他们搞不懂的命令。这当然是完美的纪律，但看到这样的完美我却高兴不起来，因为能够做到这么合乎规矩，只能是由于完全缺乏独立性。

在这种被剥夺了时间和意志的人民当中，我们看到的不过是行尸走肉，而一想到这么多的腿和胳膊，却只有一颗脑袋，就令人胆战心惊。专制是急躁与懒散的结合。如果统治权力多一点点克制，人民多一点点活力，就可以用小得多的代价来达到同样的结果。但是，那样一来，暴政会怎样？

要是有人责备我，说我把专制和暴政混为一谈，那我要说，我是故意这么做的。它们的关系很近，近得总是暗中联合起来给人类制造不幸。在专制统治下，暴政可以维持更长的时间，因为它还戴着面具。

当彼得大帝确立了这里所谓的官阶表，也就是说，当他把军事体系用于帝国的一般行政管理时，他就把他的国家变成了一个由哑巴组成的团队，并宣布自己以及自己的继承人是该团队世袭的上校。

请读者想象一下，如果战争中的雄心、对抗以及所有其他强烈的情感，在和平时期也起作用会怎么样；请他的头脑设想一下，如果构成社会和家庭幸福的所有要素都失去了会怎么样；再请他给自己描绘一下，如果取代这些要素的是普遍的焦虑，担心尽管是秘密的却始终不曾消停的阴谋又将会如何——之所以说是秘密的，是因为伪装是成功的关键；最后，请他体会一下这个想法，即一个凡人的意志几乎要完胜天主的意志，那他就会懂得俄国了。

随着早晨时光的流逝，城里变得越来越喧闹了，不过并没有显得更快活。我们看到的只有马车，一点也不考究的马车，由两匹、四匹或者六匹马拉着全速飞奔。人们总是行色匆匆，因为他们的生活就是像这样在赶路中度过的。这里的人们不懂得不带其他任何目的的快乐，不懂得纯粹的快乐。

因此，几乎所有访问俄国，想要收获他们已经在别处收获的名声的艺术家，待的时间都很短。如果待的时间长了，那就对不起他们的才华。这个国家的气氛对于美的艺术是不利的。在别的地方自然而然生长出来的东西，在这儿只能生长在温室里。俄国的艺术绝不会是耐寒植物。

在库隆旅馆，我遇到了一个很差劲的法国老板。由于玛丽女大公的婚礼，他的旅馆目前近乎客满，因此，对于还必须再接待一位客人，他好像快要生气了，不想麻烦让我住下。经过再三商量，我最终被安顿在二楼一套令人窒息的房间里。这套房间包括一个门厅、一间客厅和一间卧室，全都没有窗帘或百叶窗，尽管太阳每天二十二小时挂在地平线上，而且与非洲直射屋顶的阳光相比，斜射的阳光把屋里照得更亮。房间里的空气呛人，跟石灰窑差不多，而且有股虫子的气味，与麝香的气味混在一起，整个环境令人难以忍受。

刚在这个住处安顿下来（夜晚的疲劳战胜了我的好奇心，而它通常会驱使我出去，在一个陌生的大城市闲逛），我就裹了一件斗篷，在一张非常大的皮沙发上躺下，沉沉地睡了——三分钟。

这时间刚到，我便猛地醒来，眼睛朝斗篷上一看，啊，多么可怕的一幕！一大群褐色的活物！事物必须按其专名来称呼——我的身上爬满了虫子，我被虫子淹没了。在这方面，俄国和西班牙相比毫不逊色。但是在南方，我们可以让自己安心地待在户外，而在这里，我们和敌人一起关在室内，因此战争比较血腥。我一边脱衣服，一边呼救。夜里没有什么指望！想到这，我叫得就更凶了。有个俄国侍者出现了。我设法让他明白，我希望找他的老板。等了很长时间，老板终于来了。在弄明白我遇到了什么样的问题之后，他开始大笑，并很快离开了房间，临走时对我说应该习惯这种情况，因为在彼得堡到处都一样。不过，他首先建议我不要坐俄国的沙发，因为佣人会睡在这些家具上，而他们身上总是有很多虫子。为了让我安静下来，他还说，要是我和虫子在里面做窝的那些家具保持适当的距离，它们是不会跟着我的。

彼得堡的小旅馆类似于商队旅社，旅行者在那里只是可以住宿，但没有人侍候，除非有自己的仆人。我的仆人不懂俄语，对我来说不仅帮不了忙，反而会添乱，因为我既要照顾自己，还要照顾他！

可是，在这个叫作库隆旅馆的带围墙的沙漠中，他那意大利人的机灵劲儿，很快就让他在一条黑魆魆的走廊里找到了门房。这个擅离职守的门房讲的是德语，旅馆老板让我去找他。我和他交涉，对他讲了我遇到的问题。他马上给我拿来一张轻的铁床架，床垫我已经用可以弄到的最新鲜的麦秸秆塞好了。我让人搬走了卧室的家具，他把铁床架放在卧室中央，床的四只脚放在四只盛了水的水罐里。这样筑好晚上的防御工事后，我穿上衣服，在那个门房的陪同下——我已经要求他不要给我指路——出了这家外面像宫殿、里面像装饰过的马厩一样的豪华旅馆。

库隆旅馆开在某种"广场"上。后者对于这座城市来说，还算热闹。广场的一侧是新米哈伊尔宫[1]，那是皇帝的弟弟米哈伊尔大公宏伟的居所。它以前是为亚历山大皇帝建的，但亚历山大皇帝从来没有住过。广场的其他三面围了好大一片楼宇，其中有漂亮的街道。刚过了新米哈伊尔宫，我就发现到了老米哈伊尔宫的前面。那是一座巨大的方形的阴沉沉的建筑，完全不同于那座同名的优美的现代大建筑。

在俄国，如果说人是沉默的，那石头却在哀声诉说。俄国人忽视他们古代的建筑杰作，这一点我毫不奇怪。这些建筑杰作是其历史的见证，而他们的历史大多是他们乐意忘记的。当我看到黑色的台阶、深深的运河、巨大的桥梁和这座不祥的宫殿空荡荡的柱廊时，我询问了它的名字，得到的回答让我想起了把亚历山大推上皇位的那场灾难，同时，终结了保罗一世统治的那起黑色事件的种种事实也浮现在我的脑海。

这还不是全部。带有某种残酷的讽刺意味的是，在保罗皇帝死亡之前，根据保罗皇帝的命令，在那座不祥的大

---

1 作者所说的新米哈依尔宫与如今一般所说的新米哈伊尔宫不是一回事。前者是指亚历山大一世送给弟弟米哈伊尔·帕夫洛维奇大公的宫殿式宅邸，建于 1819—1825 年，现为俄罗斯博物馆。后者位于冬宫附近的涅瓦河畔，建于 1857—1862 年，是为尼古拉一世的儿子米哈伊尔·尼古拉耶维奇大公建造的。

建筑的门前摆放了一尊他的老兄彼得三世骑在马上的塑像。彼得三世是另外一个牺牲品，这位皇帝很高兴通过纪念他来羞辱自己的母亲。在这个国度上演了怎样冷血的悲剧啊，那里的野心甚至是仇恨在表面上都很平静！南方人的激情使我在某种程度上接受了他们的残忍，但北方人的隐忍和冷漠给罪行增添了虚伪的外表。雪是假面具。这里的人之所以显得温和，乃是因为他是不动感情的；但没有仇恨的谋杀比报复性的暗杀更让我感到恐怖。我越是在这种犯罪行为中看到不由自主的冲动，我越是感到宽慰。可惜，在谋杀保罗的过程中，起支配作用的是算计和谨慎，不是一时的愤怒。好心的俄国人声称，阴谋分子当时只打算把他囚禁起来。我已经看过了通向花园的那道暗门，它可以从一条秘密的楼梯通往皇帝的房间，帕伦[1]正是从那里让刺客们上去的。他在前一天晚上与他们联络的内容大意如下："要么你们在明天早晨五点之前杀掉皇帝，要么我就会在五点半向皇帝告发，说你们是阴谋分子。"这番话简单有力，效果毋庸置疑。

第二天早晨五点，亚历山大成了皇帝，同时也是一个

---

1 彼得·冯·德·帕伦（Peter von der Pahlen，1745—1826），波罗的海地区的德意志人，俄国廷臣、将军，1798—1801 年担任圣彼得堡总督，保罗一世暗杀事件中的关键人物。

虚伪的弑父者，尽管他原本只是同意把自己的父亲关起来（我相信这是真的），以便使自己的母亲免于牢狱甚至死亡的威胁，并使自己免遭同样的命运，使自己的国家不会受到疯狂的专制君主的愤怒和任性的伤害。

时至今日，俄国人在路过老米哈伊尔宫时仍然不敢看它。在学校以及别的地方，保罗皇帝的死是禁止提到的，甚至也不允许相信。

我很惊讶，这座与不光彩的往事有关的宫殿为什么没有拆掉。在专制主义把什么都变成新的、把什么都变得千篇一律的国度，在占据统治地位的观念每天都在抹去过去痕迹的国度，旅行家庆幸自己看到了建筑艺术的杰作，其古朴的外表显得与众不同。它方方正正的造型，它的深沟、悲惨的往事以及有利于犯罪的暗门和楼梯，给人留下深刻的印象，这在彼得堡是个难得的优点。每走一步，我都惊奇地注意到，在这座城市，像建筑和装饰这两种差异那么大的艺术到处都被混淆起来。彼得大帝及其继承人似乎把他们的首都当成了剧院。

当我以我能装出的最轻松自然的方式，询问我的向导在老米哈伊尔宫发生的事情时，我对他吃惊的样子很是意外。这人的表情分明在说："看得出来，你是新来的。"惊讶、害怕、猜疑、装傻、装作不知道，以及一个不会轻易上当的老兵的经验，从他的脸上一一表现出来，使得他的脸色就像一本书，读起来既有教益，又很有趣。当你的探子由于你显然没有危害而不知所措的时候，他的表情真是很奇怪；因为他一看到你不害怕受他的牵连，他就以为他受到你的牵连。探子想到的只是他的使命，如果你逃脱了他的罗网，他马上开始以为他在掉进你的罗网。

由一个仆人领着在彼得堡的街头闲逛并非没有意思，而且和在其他文明国家首都的街头闲逛不太一样。在按照近似于支配着俄国政体的逻辑治理的国家中，一事物与其他事物以奇特的方式相互联系和依赖。

离开悲惨的老米哈伊尔宫之后，我穿过一个广场，有巴黎的战神广场那么大，它是那么宽敞，那么空旷。广场的一侧是公共花园，另一侧有少许房屋。在这片区域，路面是沙子的，没有铺过，因此到处都是尘土。这座形状比较模糊的巨大的广场一直延伸到涅瓦河，终点附近有苏沃洛夫[1]的铜像。

涅瓦河以及它的桥梁和码头，乃是彼得堡真正的荣耀。这里的景色辽阔，令其他所有的景色都相形见绌。涅瓦河就像一个容器，装得太满，以至于边缘都隐没在水下，而

1　亚历山大·苏沃洛夫（Alexander Suvorov, 1729—1800），俄国将军，被认为是俄国历史上最伟大的军事指挥官之一。

边上的水也快要漫出了。在我看来，威尼斯和阿姆斯特丹在防止海水倒灌方面做得比圣彼得堡要好。

一条大得和湖一样的河流，河水与陆地平齐，穿过布满沼泽的平原，消失在大气的薄雾以及海水的蒸汽中。在这样一条河流的附近，毫无疑问是世上最不适合建造首都的地方。这里的河水早晚会给人的骄傲一个教训。在这个潮湿的冰窟里，花岗岩本身并不足以抵御寒冬的侵袭，用巨石垒成的基础以及由彼得大帝建造的那座著名要塞的围墙，已经垮掉过两次。它们修好了，而且还会再次修好，为的是保存这一体现了人的骄傲和人的意志的杰作。

我希望马上过桥看个究竟，但我的仆人在要塞前面先领我去了彼得大帝的屋子。它和要塞是分开的，中间隔了一条路和一片空地。

这是一栋小木屋，据说保存得跟那位皇帝离开它的时候一模一样。要塞现在是埋葬历代皇帝的地方，也是关押国家要犯的地方——那是向死者致敬的独特的方式！想到在那里，在俄国历代统治者的坟墓"下方"流过的所有眼泪，就不禁令人想到某些亚洲国王的葬礼。坟墓要是沾满鲜血，在我看来就没有那么不敬了：流泪的时间会更长，也许还会伴有更深切的痛苦。

那位工匠皇帝住在小木屋期间，他未来的都城在他的眼皮底下建成了。在赞美他的时候必须承认，那段时间，相比于彼得堡城，他很少考虑宫殿。

这栋著名的小屋有一个房间曾经是木匠皇帝的工作间，现在改成了小教堂。进去时就如同进入帝国最神圣的教堂一样充满敬意。俄国人总是乐于把英雄变成圣徒。他们喜欢把统治者可怕的特点与守护神仁慈的力量混为一谈，并试图透过信仰的面纱看待历史上残忍的行为。

在我看来不怎么值得赞美的另外一位俄国英雄已经被希腊神父们神圣化了。我说的是亚历山大·涅夫斯基[1]，一个极其谨慎的人，但作为殉道者却并不虔诚和慷慨。这个国家的教会正式宣布这位与其说英勇不如说聪明的大公，这位圣徒中的尤利西斯为圣徒。在他的圣骨周围修建了一座巨大的修道院。

封闭在圣亚历山大教堂里面的墓寝本身就是一个大建筑。它包括一座用大量白银做成的祭坛，顶上覆盖着一座由同样的金属制成的金字塔，有一座巨大的教堂穹顶那么高。修道院、教堂和纪念碑组成了俄国的奇观之一。我凝视它们时的心情更多是惊讶而非赞叹，因为这项虔诚的工作虽然耗费巨大，可在建造过程中并没有太在意品位和艺

---

1 亚历山大·涅夫斯基（Alexander Nevsky，1220—1263），中世纪俄罗斯人的领袖，曾任诺夫哥罗德公爵、基辅大公和弗拉基米尔大公。

术的规则。

在沙皇的小木屋里，我看到一条他亲手建造的小船，还有其他几样被当作圣物保存和陈列的东西，由一个老兵守着。在俄国，教堂、宫殿、公共场所以及很多私人住宅，都交给领抚恤金的退伍军人照看。这些不幸的人除非在离开兵营时能转为看门人，否则到了晚年就会没有生计。在这样的岗位上，他们仍然可以穿着军队里带风帽的长斗篷。它们是用粗羊毛做的，通常都是又破又脏。每次参观的时候，都会有那样穿着的人在公共建筑或住宅的门口接待。他们是穿制服的幽灵，提醒人们在这里一切都要服从纪律。彼得堡是一座蜕变为城市的兵营。给皇帝的小木屋站岗的那个老兵，点亮了小教堂里的几根细蜡烛，然后领我去了全俄皇帝彼得大帝睡觉的地方。连我们时代的木匠都不会让自己的学徒住在那样的地方。

这种极度的简朴不仅显明了那个人，也显明了那个时代和国家。那个时候的俄国，一切都献给了未来；所有人都在为他们尚未出生的主人建造宫殿；这些富丽堂皇的大建筑最初的奠基者们，没有体验到奢侈的需求，而是满足于提供未来的文明，并因为给后来未知的君主准备合适的居所而感到自豪。首领及其手下为了后代的权力甚至虚荣而操的这份心思，无疑体现出心灵的伟大。活着的人以这样的方式表达了对于子孙将会获得荣耀的信心。这种信心包含了某种高贵的、独创的东西。那是一种无私的、充满诗意的情感，要比人们和各民族惯常对其祖先抱有的敬意崇高得多。

别的地方的大城市有很多为了缅怀过去而竖立的纪念牌。雄伟壮观的圣彼得堡是俄国人为了伟大的未来而竖立的纪念碑。促使人们付出如此努力的那种希望，在我看来是高尚的。自从犹太神庙修建以来，从未有哪个民族的信仰在他们自己的命运中平地里建起比圣彼得堡更伟大的奇迹。这是个人留给自己野心勃勃的国家的遗产，而使得这份遗产令人由衷钦佩的是，它已经被历史接受了。

耸立在大海中的花岗岩石块上镌刻的巨人彼得的预言，如今已在世人眼前变成了现实。这让我第一次感到，骄傲真的是值得钦佩。

然而，俄国的历史并非像欧洲那些浅薄无知之人想象的那样，是从彼得一世执政时开始的。能够解释圣彼得堡的是莫斯科。

在经受了长期的入侵之后，在"恐怖的伊凡"围攻并占领了喀山之后，在与瑞典人进行了坚决的斗争之后，以及在经历了其他许多辉煌且有耐心的武装行动之后，莫斯科大公国获得了解放。它证明了彼得大帝有理由感到骄傲，他的人民有理由保持谦卑的自信。对于未知世界的信念总是令人印象深刻。这个铁人有权利对未来保持信心：别人对于他那样的性格产生的结果只能抱以希望。我可以看到他，一副质朴、高贵的样子，坐在小木屋的门槛上，盘算着准备对抗欧洲、一座城市、一个民族和一段历史。彼得堡的宏伟壮观不是没有意义的。这个大都市非常壮观——它之于心灵要比肉眼更为壮观——它统治着寒冷的沼泽地带，为的是从那里统治世界！但不应忘记，为了把瘟疫肆虐的沼泽改造为一个都城，十万人，十万个顺从的牺牲品失去了性命。

德国目前正在见证一部批判艺术的杰作的完工，它的一座城市正在通过学习转变为古希腊或古意大利的城市。但新慕尼黑需要古代的居民，而现代的俄国人需要彼得堡。

离开彼得大帝的小木屋，我再次从涅瓦河上的那座桥（它通往岛上）前面经过，进入彼得堡那座有名的要塞。

我已经说过，这座单是名字就令人恐惧的大建筑，虽然只有不到一百四十年的历史，但围墙和花岗岩基础已经垮塌过两次。多么残酷的斗争！这儿的石头似乎和人一样忍受着暴力。

我没有得到允许参观监狱：地牢有水下的，有屋顶下的，全都关满了人。我只是获准参观了教堂，那里有统治家族的墓寝。我的眼睛看着那些墓寝，却还在寻找它们，因为很难想象，一块四四方方的石头，约一张床的大小，新蒙上一块绣着皇家纹章的绿布，竟然是皇后叶卡捷琳娜一世、彼得一世、叶卡捷琳娜二世以及直到亚历山大皇帝的其他许多君主的墓地。

希腊宗教不允许教堂内有雕像，这样，他们在宗教华丽壮观方面的损失超过了在神秘性方面的收获；虽然它里面也有镀金和雕花的器物，有品位不是非常纯正的画作。希腊人深受反对崇拜偶像者的影响。在俄国，他们冒险将先辈的教义变得温和了，但他们本可以走得比现在更远。

在这座适合埋葬死人的要塞，死者似乎比生者还自由。如果说把皇帝的囚徒和死神的囚徒，把阴谋分子和他们阴谋反对的君主关在同一座坟墓里，是出于某种哲学观念，那我应该尊重这种观念，但我从中看到的不过是绝对权力的恣意妄为，是自以为稳固的专制统治残忍的安全措施。它因为拥有超人的、强大的权力而没有表现出一点点人情味，而那在普通的政府那里是一种明智的做法。俄国皇帝一心想着归于他自己的东西，以至于他舍不得让他的正义融入天主的正义。我们西欧的保皇主义革命者在彼得堡的国家囚犯身上，只看到专制制度无辜的受害者，而俄国人却把他看作恶棍。所有的声音似乎都在控诉，石头也在我的脚下呻吟。啊，我是多么同情这座要塞里的囚犯！如果要依据住在地面上的那些俄国人的生活，来评判关在地下的那些俄国人的生活，那的确有理由颤抖！一想到最坚贞的人以及最正直的人也免不了被关进彼得堡要塞的地牢，我不禁因为害怕而全身战栗。当我再次经过守卫这座阴郁的居所并把它和世界其他地方隔开的壕沟时，我的心放下了，呼吸也比较畅快了。

谁不会同情这个国家的人民呢？俄国人，我现在说的是上层阶级，生活在无知和偏见的影响下，这些偏见他们自己已不再抱有。在我看来，喜欢顺从是一个受奴役的民族所能跌落的最卑劣的深渊：反叛或绝望毫无疑问会更惨，但会少一些耻辱。软弱得那么丢人，甚至不敢抱怨一下，像低等动物聊以自慰的那样；恐惧依靠自身的暴行而平静下来。目睹这些精神现象，不由得让人流下震惊的眼泪。

看过俄国历代君主的墓寝之后，我又去了天主教堂，它的仪式是由多明我会的修士做的。我去那里是为了做一次周年追思弥撒。到现在为止，在天主教堂里做这种纪念活动还没有因为我的旅行而中断过。多明我会修道院位于涅夫斯基大街，那是彼得堡最漂亮的大街。教堂不算雄伟，但还过得去。那里的回廊十分幽静，院子里堆放着泥瓦工留下的垃圾。一种阴沉的气氛笼罩着整个社团——它虽然享有宽容，却似乎没什么财富，更没有安全感。在俄国，无论是在公共舆论还是在国家宪法中，宽容都没有任何保障：宽容同其他所有事情一样，是出于某人的恩惠，而那人明天就可能收回他今天赐予的东西。

在教堂里等候修道院院长的时候，我看到脚下有块石头，上面刻的名字使我有点激动——波尼亚托夫斯基[1]！沦为愚蠢的牺牲品的国王。叶卡捷琳娜二世的这位太容易上当的情人被埋葬在这里，没有任何明显的标记；他被褫夺了王位，却没能免于不幸。这位困境中的君主，他盲目而愚蠢的行为受到那么残酷的惩罚，而且他的敌人都背信弃义，这吸引着所有基督徒以及所有前来参观其无名墓葬的旅行家的关注。

在这位被流放的国王附近，埋葬着莫罗[2]残缺不全的尸体。亚历山大皇帝让人把它从德累斯顿运到那里，把两个深受同情的人的遗骸放在一起，以便在同一场祈祷中纪念他们令人失望的命运。这个主意在我看来，是那位君主最伟大的想法之一。不要忘了，当他进入拿破仑逃走的那

1　波尼亚托夫斯基（Poniatowski），波兰—立陶宛联邦的末代国王和大公，叶卡捷琳娜二世的情夫。

2　让·维克多·玛丽·莫罗（Jean Victor Marie Moreau，1763—1813），曾是法军重要将领，后加入亚历山大一世反对拿破仑的阵营，在德累斯顿战役中受伤而死。

座城市时，他真的很伟大。

快到晚上四点，我头一次开始想到，我来俄国并不只是为了参观稀奇的艺术杰作，以及进入它们可以让人联想到的多少带有一点哲学意味的反思；于是我赶紧前往法国大使的官邸。

到了那里，我发现自己出了一个很大的疏漏。玛丽女大公的婚礼后天举行，而我来得太晚，不能事先被引见。在一个宫廷就是一切的国度，一旦错过这场宫廷仪式，那我的旅程就失败了。

Lettre dixième

第十封信

彼得堡，7月12日

游览岛屿·风景的特点·人造的美景·比较俄英两国的趣味·俄国
文明的目标与特色·在俄国不可能幸福·圣彼得堡的时尚生活·专
制下的平等·俄国上流社会的特点·绝对权力·皇后的凉亭·圣彼
得堡的住宅和宫殿里的害虫·下层人的服装·血统纯正的斯拉夫男
人的美·女人·俄国农民的状况·出售农奴·单是商业就能改变事
物的现状·小心翼翼地对外国人隐瞒真相·彼得大帝篡夺宗教权力·他
的性格和极端残忍的行为·贵族的罪责·作者受到怀疑·俄国医学
的状况·普遍的神秘·允许出席女大公的婚礼

我刚从岛上游览回来。它们形成了一片惬意的湿地，
泥土上覆盖着鲜花。那一大片地方其实是浅滩，每逢夏季
就会干涸，因为纵横交错的河槽就像水渠一样把水排进了
土壤。浅滩上长着茂密的桦树林，还盖了许多可爱的别墅。
桦树，还有松树，是这些寒冷的平原上唯一的本地树种，
它们制造出一种错觉，让旅行者误以为自己是在英国的公
园。这座巨大的花园布满了别墅和度假小屋，反倒成了彼
得堡居民的乡村：它是廷臣们的营地，一年当中有段很短

的时间人满为患，其他时候则完全空着。

不止一条漂亮的马路可以通往岛屿所在的区域，那些马路由横跨在不同海湾上的桥梁连接在一起。

漫步岛上阴凉的小径，很容易让人觉得到了乡村，但那是一个单调的、人造的乡村。地表没有任何起伏，树种千篇一律——这样的材料怎么可能产生如画的效果！在这种地带，温室植物、热带水果甚至矿山中开采的黄金和宝石，竟然多得像我们最普通的林木。只要有钱，玻璃暖房里能长的东西在这里都可以弄到。这对于营造出童话般的景色十分管用，可要做成一个公园却还不够。一片栗子树或山毛榉树的林子，可以让我们的青山更加美丽，可在彼得堡却属于奇迹。意大利式的住宅四周围绕着拉普兰的树木，遍地开满来自各个国家的鲜花，形成了一种独特但并不令人愉快的对照。

这些巴黎人——他们永远忘不了巴黎——把岛屿所在的这一大片地方叫作俄国的香榭丽舍大街；但是，与我们巴黎的大街相比，它更大，更有乡村风味，但也带有更多装饰和人工的痕迹。它距离城里的高级住宅区更远，而且里面既有城市又有农村。某一刻，你以为自己看到的是真正的森林、田野和村庄，下一刻，你又看到了形状像是神庙的房子，看到了作为温室框架的柱壁，看到了带有柱廊的宫殿，看到了有古式列柱的剧院，证明你并没有出城。

对于这座花费巨资建在彼得堡松软土地上的花园，俄国人是完全有理由骄傲的。不过，即使大自然被征服了，它也会记住自己的失败，归顺得很勉强。在天与地联合起来竞相装扮人类的居所，竞相使人类的生活变得轻松愉快的国度，该有多么幸福啊！

假如俄国人不太喜欢议论他们国家的先天不足，我要少说一点这个不讨人喜欢的国度的缺点，不要在北方旅行的时候还那么强烈地思念南方的太阳。他们甚至对气候和土壤也完全心满意足；生性喜欢自吹自擂的他们，愚蠢到不仅对于周围的社会环境，甚至对于物质环境也引以为豪。这些虚荣使我不能像我应该做和打算做的那样，心甘情愿地忍受北方地区的种种不便。

在城市与涅瓦河的某个河口之间形成的三角洲，现在完全被这种花园覆盖了；不过，它仍在彼得堡的范围内，因为俄国的城市中也有农村。如果当初更严格地依照创建者的计划，这一大片地方本来会成为新首都人口最为稠密的区域之一。但彼得堡为了避免河水泛滥的影响，逐渐向南退去，远离涅瓦河，而布满沼泽的岛屿则专门留着，作为最杰出的廷臣们消夏的去处。这些住宅一年中有九个月都几乎掩藏在河水和大雪之中，那时候，狼群就可以在女皇的凉亭周围随意出没，但是在剩下的三个月，那些住宅展示的鲜花争奇斗艳，令人叹为观止。不过，所有这种人造的雅致也暴露了俄国人的性格；炫耀是俄国人最喜欢的事情。因此，在他们的起居室里，摆放鲜花不是为了让室内显得更加温馨，而是为了得到外人的赞赏，这一点恰好和我们在英国看到的相反，那里的人最不喜欢把招牌挂到大街上。英国人是世界上最懂得如何用品位代替风格的人。他们的公共建筑特别荒谬可笑，可他们的私人住宅却特别典雅明智。

岛上所有的住宅和道路彼此都很相似。桦树的树阴稀疏，但北方的太阳也用不着树叶非常浓密。运河、湖泊、草地、小树林、度假小屋、别墅、蹊径，一个个接连不断。这种如梦一般的风景十分怡人，却不会激起人的兴趣和好奇心；不过，它会让人觉得安宁，而安宁在俄国的宫廷可是个宝贵的东西，尽管它在那里没有得到应有的重视。

这里的别墅是用厚木板建的，而且涂过油漆，远处的松林间或在一些别墅的屋顶露出稀疏的树梢。这些个孤零零的东西，戳破了花园中短暂的欢乐气氛，仿佛是要证明冬季的严酷和与芬兰邻近。

在北方，文明的目标是严肃的。那里的社会不是人类享乐的产物，不是可以轻易满足的兴趣和激情的产物，而是愈挫愈奋的意志的产物。这种意志促使人们付出不可思议的努力。在那里，如果说个人联合起来，那是为了与桀骜不驯的自然作斗争，因为它不愿理睬向它提出的要求。

外部世界的单调与顽固制造出一种阴郁的气氛；在我看来，这个宫廷之所以会频繁上演政治的悲剧，原因就在于此。这里的剧院在演戏，真实的生活也在演戏。无聊的娱乐乃是俄国唯一得到允许的娱乐。在这样的秩序下，实际的生活太严峻了，接受不了严肃的、富有思想性的文学。在如此可怕的现实面前，盛行的只能是滑稽戏、田园诗和遮掩得很严实的寓言。如果在这种不适合居住的地方，专制制度的防范措施还要进一步加剧生存的困难，那就会夺走人类的所有幸福，安宁将成为不可能的事情。和平和幸福这些词在这里就跟天堂这个词一样含糊。闲散而不轻松，有惰性但不安静，这就是北方的君主专制必然造成的结果。

对于在自己城市门口建造的乡村，俄国人只享受到很少一点乐趣。女人在岛上避暑，在彼得堡过冬。她们起得很晚，白天梳妆打扮，晚上拜访朋友，夜里玩乐。忘掉自己，让自己沉浸在一连串的刺激中，这似乎就是她们生活的目的。

岛上的夏天从六月中旬开始，一直持续到八月底。在这两个月里，炎热的天气一般来说不超过一周（尽管今年是个例外）。晚上潮湿；夜里大气清澈，但天空多云；白天阴沉沉、雾蒙蒙。对那些允许自己思考的人来说，这里的日子沉闷、阴郁得难受。在俄国，交谈就是密谋，思考就是造反，况且思想不仅仅是一项罪行，它也是一种不幸。

人之所以思考，只是为了改善自己以及同类的命运，但是，当他什么也做不了，什么也改变不了的时候，思想因为没有什么其他的事情可做，就只会折磨心灵并让心灵充满怨恨。这就是为什么在俄国的上流社会，人们不分年纪大小，全都参加舞会。

夏季一过，接着就是连续几周的绵绵细雨。不出两天，就可以看到岛上桦树的叶子落了，房子的鲜花和居民没了，路上和桥上挤满了厢式马车、俄式敞篷马车和搬家的货车。各式各样的家具按照斯拉夫人的天性，乱七八糟地随意堆放在一起。北方的富人就这样从夏日短暂的幻觉中醒来，在东北风来临之前逃离了，任由熊和狼重新占据它们合法的领地。寂静重又恢复了它对于这片寒冷的沼泽地带的古老权利。有九个月时间，木头城的轻浮的上流社会要去石头城寻求庇护。这种季节变化没有给她们带来任何不便；因为在彼得堡，冬季夜晚积雪的反光同夏季的太阳光差不多明亮，而且俄国的火炉比斜射的太阳光温暖。

这件岛上每年都在发生的事情，有朝一日会成为整个城市的命运。只要这座缺乏历史根基的都城被君主忘记哪怕是很短的一段时间，只要有新的政策把他的注意力吸引到别处，隐没在水下的花岗岩基础就会崩塌，被洪水淹没的低地就会恢复自然状态，流落荒野的动物就会重新占据它们的巢穴。

这些想法萦绕在彼得堡街头所有外国人的心头，没有人相信这座奇特的城市能够长久。但是，稍作思考（如果不去思考，又有什么值得旅行家做的呢？），有识之士就可以预见到这样的战争，预见到政治过程中这样的变化，会使彼得一世创建的这座城市像肥皂泡一样消失在空气中。

从来没有哪个地方让我对世事无常有如此深刻的印象。在巴黎和伦敦的时候，我常常想到，这喧闹的居所比雅典或罗马，比锡拉库萨[1]或迦太基还要沉寂的时代将会到来，但谁也预料不到毁灭的具体时间或直接原因；然而，圣彼得堡的消失是可以预见的，它也许就发生在明天，在其获得胜利的人们唱着得胜歌的时候。其他都城的衰落是在其居民遭到毁灭之后，但这座都城甚至在俄国人看到自己力量扩张的那一刻也会灭亡。我相信彼得堡会长久存在，就像我相信一个政治体系，或者相信人类长久存在一样。对

---

1 锡拉库萨，位于西西里岛东部，古希腊人在这里建立的城邦曾经盛极一时。

于世上其他任何一座城市都不能这么说。

能够让一座大都市一下子从荒野中冒出来，又能够一句话把它占领的地方全都重新变成荒野，这是多么巨大的力量！在这里，真正的存在恐怕只属于君主：全体民众的命运、力量和意志都集中在一颗脑袋里。皇帝是社会力量的化身；在他之下，普遍呈现出现代法裔美国人中的民主主义者和傅立叶派的空想社会主义者等所梦想的那种平等。但是，俄国人承认别人所不知道的引发风暴的一个原因，那就是这位皇帝的愤怒。共和制或君主制下的暴政要好于君主专制下的平等。最令我恐惧的莫过于把严格的逻辑用于政治。如果说法国在过去的十年实际上比较繁荣，那也许是因为主导其事务的那种表面上的荒诞，其实是一种高级的、实用的智慧；现在，支配我们的是行动，而不是投机。

在俄国，专制主义的幽灵施行统治总是如数学般严苛，而如此极端的做法，结果就是极端的压迫。看到僵化的政体造成的这一影响时，我们深感震惊，惶恐地想到，人的行为怎么会这么不讲人道？但是，颤抖并不是蔑视，我们决不会蔑视让我们感到恐惧的东西。

在思考彼得堡，思考这座花岗岩兵营中居民可怕的生活方式时，人们可能会怀疑天主的怜悯。这里有难解的神秘，同时亦有惊人的伟大。那样组织起来的专制成了一个永远不会穷尽的观察和思考的主题。欧洲社会正在承受由于所有公认权威的没落而带来的苦难，这个突然间在我面前崛起于欧洲东部的庞大帝国，在我看来就像是某种复活。我感觉好像面对的是《旧约》中的某个民族。我好奇中夹杂着恐惧，在大洪水前的巨人的脚下停了下来。

初次见到俄国社会，给人的感觉是它作为俄国人自己的发明创造，只适合他们自己的社会体系：生活在俄国的必须是俄国人，尽管从外表来看，一切都会像其他地方一样向前发展。区别在于事物的基础不一样。

这是我今晚在岛上对上流社会的评论。他们说，上流社会到处都一样。不过，每个地方的上流社会都有灵魂，而这种灵魂会像其他任何灵魂一样，受到被称为文明的那个仙子的教诲，而其实所谓文明不过是时代习俗罢了。

今晚整个彼得堡城，也就是说宫廷及其拥护者，都在岛上；他们不是为了享受在晴朗的天气里散步的纯粹的乐趣——这样的乐趣在俄国廷臣的眼中兴味索然——而是为了看皇后的邮轮。这种场面他们总是乐此不疲。在这里，每一个君主都是神灵，每一个公主和皇后都是阿尔米达[1]或克娄帕特拉。这些神灵可以变换，但他们的拥护者永远

1　阿尔米达（Armida）是意大利文艺复兴晚期诗人托尔夸托·塔索（Torquato Tasso，1544—1595）笔下虚构的人物。

不变：它由一个总是同样忠诚的民族组成；执政的君主与俄国人永远是一个样。

不过，即使让这些顺民放胆去说和做，他们的热情也是勉强的、拘束的。一个不自由的民族有本能，但没有感情；而他们的本能常常会以专横跋扈的方式表现出来。俄国的皇帝肯定会被顺从弄得不知所措，因为有时奉承也会让神灵厌烦。事实上，这种崇拜允许有可怕的插曲。俄国的体制是靠暗杀而变得温和一点的绝对君主制。君主不是受倦怠的影响，就是受恐怖的影响。因此，他生活在恐惧与厌恶之间。如果说专制君主的骄傲必须要有奴隶，那人类的感情一定会渴望平等，但沙皇没有与之平等的人：礼仪和猜忌用招人怨恨的方式守护在他孤独的心灵周围。他甚至比自己的臣民还要可怜，尤其是，如果他还算亲民的话。

我听到很多吹嘘尼古拉皇帝家庭幸福的话，但我从中看到的是对一颗优秀的心灵的慰藉，而不是真正的幸福的证明。慰藉不是幸福，相反，这种疗法证明了罪恶的存在；俄国的皇帝一定有一颗和其他人一样的心，如果他确实有的话。对于尼古拉皇帝受到过分称赞的私德就说这么多吧。

今天晚上，从彼得霍夫启程经海路过来的皇后，登上了岛上的凉亭。她要在岛上一直待到她女儿举行婚礼。婚

184

礼明天将在新冬宫举行。她待在岛上的时候，凉亭周围茂密的树白天可以为她的侍卫团遮挡阳光，那是军中最优秀的团队。

我们到得太晚，没有看到她从圣船上下来；但我们发现，围观的人群仍然沉浸在皇家之星掠过时所激起的兴奋中。在俄国，唯一可能的喧哗是吹捧者的争论引起的。这天晚上，人们兴高采烈，就像跟在某艘早已进港的大船后面继续翻腾的波浪。

就这样，我终于呼吸到宫廷的气息了！只是仍然没有看到向凡夫俗子呼出气息的那些神灵。

现在是凌晨一点；太阳快要升起了，可我还是无法入睡。所以，我会像这个夜晚开始时一样，以没有灯光的写作结束它。

俄国人自以为很考究，但外国人在整个彼得堡都找不到一家还能将就的旅馆。达官贵人总是会从内地带来很多随从，人成了他们的财产和奢侈品。一旦让那些贴身男仆单独待在主人的房间里，他们就会按照东方的方式，盘坐在椅子和沙发上，让上面爬满害虫。这些活物钻进墙壁和地板，用不了几天，房子里的害虫就会泛滥成灾。由于在冬天不可能给房子通风，这种可恶的东西便年复一年地永久存在下来。

付出那样生命和金钱的代价建成的新皇宫，已经到处都是这些害虫。可以说，为了以更快的速度装修好主人的住所而被害死的那些可怜的工人，把自己身上的害虫带进了杀人的墙壁，从而为自己报了仇。要是连皇宫都被这些夜间活动的敌人占领了，那我在库隆旅馆怎么可能睡得着？我放弃了这个念头，但晴朗的夜晚令我无比欣慰。

大约午夜时分，我从岛上回来，然后再次徒步外出，心里想着白天最使我觉得有趣的景色和谈话，现在我就大概说一说它们。

我不知不觉地独自来到那条叫作涅夫斯基大街的漂亮街道。借着远处微弱的亮光，我看到海军部塔楼一根根小巧的柱子，以及塔楼顶部高耸的金属塔尖。这座基督徒的宣礼塔比任何一座哥特式尖塔还要细。它的整个表面都是镀金的，是尼德兰联省赠送给彼得一世的杜卡特金币的黄金。

脏得令人恶心的旅馆客房和豪华得让人难以置信的大楼，展现了一幅彼得堡的正确画面。这个欧洲和亚洲互相展示的城市总是不缺少对照。彼得堡城里的人很漂亮。富有的贵族从内地带来了血统纯正的斯拉夫男人，贵族们或者将其留在身边侍候自己，或者允许他们在城里做一段时间的各种买卖。血统纯正的斯拉夫男人，金发，面色红润，十分惹眼，但更惹眼的是他们完美的轮廓，跟希腊雕塑差不多。他们的眼睛和亚洲人一样呈椭圆形，颜色像北方人，一般为浅蓝色，眼神很独特，温柔、优雅、狡黠兼而有之。这种眼神总是游离不定，虹膜的颜色也因此在不断变化，从蛇的绿色、猫的灰色到瞪羚的黑色，尽管底色仍是蓝色。柔滑的金色胡须修饰着漂亮的嘴型，洁白的牙齿照亮了整个面庞，它们有时是尖的，像老虎的牙齿一样，但通常来说形状非常规则。这些男人的衣着总是很有创意，要么是波斯长袍和希腊无袖宽松外衣，束着颜色活泼的腰带，要么是俄式绵羊皮镶边的短披风，披风的羊毛可以根据季节的不同而翻着朝外或朝里。

底层的女人不太漂亮，但在街上很少遇到，而少数遇到的几个又没什么吸引力。她们似乎退化了，呆头呆脑。这是件奇怪的事情，男人对于自己的穿着很用心，而女人却漫不经心：这或许是因为男人要侍候贵族，因而成了贵族家庭的一部分。女人举止笨拙；她们穿着笨重的靴子，让脚变了形。她们的身材一点也不优美；与男人不同，她们的面色即便在年轻的时候也一点算不上健康和光洁。她们小巧的俄式上装很短，前襟敞开，镶边的皮毛几乎总是破破烂烂地挂着。这种衣服如果不是那么破旧，如果不是因为人的畸形和令人恶心的肮脏破坏了它的效果，倒还是挺好看。俄国妇女的头饰很漂亮，有民族特色，但戴的人很少。人们告诉我，现在戴这种头饰的只有护士，还有在举行仪式时候的宫廷贵妇。那种塔形头饰是用硬纸板做的，涂成金色，绣了花，而且顶很宽。

马具很别致，马本身也是既有速度又很暴烈，但我今晚在岛上看到的马车，包括最上层贵族的那些在内，却并不讲究，甚至也不干净。这使我明白，为什么世袭大公的仆人会那么混乱和马虎，为什么我在埃姆斯看到的大公的马车会那么粗陋和邋遢。富丽堂皇，艳俗的奢侈品，镀金的马饰，以及神气活现、高贵的样子，这些对于俄国贵族来说很自然，但优雅、细心和整洁，他们就不懂了。

今晚我听说了几个奇怪的特点，解释了我们所谓的俄国农奴制。对于这个阶级的实际地位，我们很难有恰当的认识。他们不拥有任何合法的权利，然而却是国家中的一分子。法律剥夺了他们的一切，他们在社会上受到贬低，可他们在道德上并没有堕落。他们拥有出色的脑力，有时甚至拥有高尚的品德。尽管如此，生活中支配他们行为的主要原则仍然是狡诈。谁都没有权利责备他们，因为这个结果对于他们的处境来说是再自然不过的。他们的主人对待他们总是带着毫不掩饰的、无耻的恶意，而他们也总是在提防他们的主人，并用欺骗来抵消自己受到的不公。农

Letters from Russia

民与地主的关系，以及他们与国家，也就是与皇帝的不太直接的关系，本身就是一个值得长时间待在俄国内地观察的问题。

在帝国的许多地方，农民相信自己属于土地，而这种生存状况在他们看来理所当然，即便他们很难理解，人怎么可能是人的财产。在其他许多国家，农民相信土地属于他们。这就是奴隶中最幸福的，如果说他们不是最顺从的。农民要被卖掉的时候，常常会派代表团到很远的地方，去找某个他们听说性格善良的主人，恳求他把他们，还有他们的土地、孩子和牲口买去。如果这位以温和出名的地主（我不是说他公正，因为在俄国没有人懂得公正），如果这位被看中的地主没钱，那他们就会给他出钱，为的是确保他们只属于他。于是，这位仁慈的地主就用农奴自己的钱买下这些新的农奴。之后，他免除他们几年赋税，以补偿他们的身价。那笔钱他们已经按照他们所属的那片领地的价值提前付给他了，他们可以说是逼着他成了领地的所有者。

对于这些日子单调乏味的人们来说，有可能发生的最大的不幸，就是看到生养他们的土地被卖掉。他们总是和土地一起被卖掉，迄今为止，他们从法律在现代的进步中得到的唯一的好处，就是现在不能把他们和土地分开来出售。不过，大家都知道，这条规定并没有被遵守。例如，不把整个庄园卖掉，而是常常卖掉几英亩，连同每英亩的一两百人。要是政府知道这样的勾当，它会惩罚有罪的各方，但它很少有干预的机会，因为在罪行与最高权威即皇帝之间，所有人都希望隐瞒舞弊行为，并让舞弊行为永远存在下去。这种状况让地主和农奴一样深受其害，尤其是那些事务被打乱的地主。庄园很难卖掉，一个欠了债并且愿意还债的人最终不得不求助于帝国银行。他借到了自己需要的钱，银行则收走他的地产作为抵押。皇帝用这种方式成了全俄贵族的司库和债主，而俄国的贵族就这样被最高权力所控制，无法对手下的农民履行自己的义务。

如果哪天有贵族宣布他打算把庄园卖掉，这个消息会使当地陷入惊慌。农民会把村里长老组成的代表团派去见他们的主人。那些长老会匍匐在主人的脚下，流着泪恳求说不要把他们卖掉。"必须卖掉，"主人答道，"我不能昧着良心让我的农民交更多的税，但我又没有富有到足以维持一个几乎不能给我带来任何东西的庄园。"

"就因为这个吗？"代表们哭喊道，"那我们比较富裕，足以使您不要把我们卖掉。"于是，出于他们自己的自由意志，他们涨了地租，涨到自古以来所付租金的两倍。其他不那么温和并且更有心机的农民会反抗他们的主人，而这样做仅仅是希望成为君主的农奴。这是俄国农民最大的抱负。

要是突然宣布解放这样的人，那就会天下大乱。农奴一旦和他们依附的土地分开，并且看着它被卖掉、租掉或者不用他们耕种，就会群起反抗，高喊有人抢了他们的东西。

就在不久前，有个偏僻的村子发生了火灾，村里的农民对他们主人的专横感到不满，趁着也许是他们有意制造的混乱抓住他，用尖桩插入他的身体，放在大火上烤。对于这样的行为，皇帝通常是下令把整个村子都迁往西伯利亚，这在彼得堡被叫作"移居亚洲"。

在这个庞大的帝国，残忍的行为每天都在以或多或少隐秘的方式发生，而幅员辽阔不但有利于镇压，也有利于反叛。当想到这些以及其他许许多多残忍的行为时，我对这个国家、政府，以及这个国家全体居民的憎恶之情油然而生。一种难以名状的不安感攫住了我，让我只想逃走。

在这里，富人的财产是按农民的人头来算的。没有自由的人就是硬币，他之于他的主人相当于（平均）每年十卢布。他的主人被称为自由的，因为他是农奴的所有人。在有些地区，每个农民给自己主人带来三四倍于这笔钱的收益。在俄国，人的价格如同我们的地价一样，是会变的。在能为农产品开放市场的情况下，地价就会翻倍。说到这里，我不由得算了算，买一顶帽子、一件披肩或一株蔷薇要耗费多少个家庭：别的地方好像没有这么做的，所有东西似乎都沾满鲜血。同某个宫廷美人的华服或美丽相比，我想得更多的是，要为她提供必要数量的衣料，该有多少人遭罪甚至死亡。在专心致志地进行这种可悲的计算时，我感到自己渐渐变得愤懑起来。那副最迷人的面孔让我想起了1815 年波拿巴那些传遍欧洲的漫画，尽管我竭力打消这样的念头。从稍远一点的地方看过去，皇帝的巨型塑像好像很简单，然而，再凑近一点就可以看到，原来他脸上的每一个部分都是由残缺不全的尸体组成的。

所有国家都是穷人为富人劳动，富人花钱购买穷人的劳动，但这些穷人并没有像纯粹的牲口那样被圈养起来，他们虽然为了养活自己的子女而不得不辛苦劳作，但至少还享有自由的假象。现在，假象，或者说外表，对于一个看法有限但想象力无穷的人来说，几乎就是一切。对我们来说，被雇用者有权更换自己的雇主、居住地甚至职业，但俄国的农奴是他主人的动产，从生下来一直到死都在服劳役。他的生命对于这位主人来说，就是为了满足上流社会的任性和幻想而必须付出的花销的一部分。在用那种方式建立起来的国家中，奢侈的享受肯定不再是无辜的。任何社会如果不存在中产阶级，就应当把奢侈的享受当作丑事来予以禁止，因为在组织良好的国度，正是这个阶级利用从上层阶级的虚荣中得到的利润造就了普遍的富裕。如果俄国像预计的那样变成工业国，那农奴与土地所有者之间的关系就会发生变化，介于贵族与农民之间的独立的商人和工匠群体就会兴起；但在目前，这里的商业才刚刚起步，厂主、商人和手艺人差不多全是德意志人。

只有在这里才不会被文明的外表轻易给骗了。如果你去看宫廷及其拥护者，你会以为自己处在一个社会文化和政治经济非常先进的民族中间，但是，当你去思考社会不同阶级之间关系的时候，当你注意到这些阶级的数量有多么少的时候，最后，当你仔细审视风土人情的基础的时候，你会意识到实际存在着一种真正的野蛮，在令人反感的豪华外表下几乎是赤裸裸的野蛮。

我不是因为俄国人现在的样子而责备他们。我责备他们的是，他们假装成我们的样子。他们还没有开化，这种状态至少让人抱有希望；但我看到他们总想模仿其他民族，而他们在这样做的时候，真的是像猴子一样，把模仿的东西搞得滑稽可笑。在我看来，他们就这样因为野蛮状态而毁了，结果到现在仍然缺少文明的要素。我想起了不知是伏尔泰还是狄德罗的那句很不好听的话，如今在法国已经被忘记了："俄国人在成熟之前就烂掉了。"

帝国就是皇帝。在彼得堡，一切都显得富丽堂皇；但是，如果我们根据事物的这种外表去判断实际的状况，那我们就会大错特错。一般来说，文明的第一个效果就是让所谓的物质生活变得容易，但是在这里，一切都很艰难——狡诈的冷漠是生存的秘诀。

如果你希望弄清楚在这座伟大的城市到底会看到什么，如果施尼茨勒满足不了你的要求，那你就找不到别的向导了（作者附释：施尼茨勒写了迄今为止关于俄国的统计资料的最优秀的著作。），因为没有哪个书商在出售彼得堡的奇事大全。你请教的那些见多识广的人们，要么没有兴趣回答你的问题，要么他们有别的事要做。皇帝其人、他的健康状况、他的活动、他表面上操劳的事业，这些是唯一值得一个还能思考的俄国人考虑的问题。宫廷教义问答是唯一必要的知识。为了讨好主人，所有人都乐于隐瞒真相，不让旅行家看到。没有人想要满足这种好奇的人，相反，他们喜欢用虚假的数据来欺骗他们。因此，在俄国的旅行要想有所收获，就需要具备一个伟大的批评家的才能。在专制制度下，好奇和轻率是一个意思。帝国就是皇帝。然而对于沙皇彼得来说，伟大到如此可怕的程度仍嫌不够。那个人并不满足于成为自己臣民的理性，他还想成为他们的良心。这位君主在这样的责任面前没有退缩，而是在长期的真真假假的犹豫之后，终于犯下如此巨大的篡权的罪行。结果，单从这种侵害司铎特权和人的宗教自由的劣行来看，他强加于世人的灾祸便多过他利用自己的全部军政才能以及兴办工业的天赋给俄国带来的好处。这位皇帝作为帝国以及历代皇帝的楷模，是伟大与渺小的独特的结合体。他既像任何时代、任何国家中最残忍的暴君一样，有着强烈的权力欲，同时又是一个可与同时代最优秀的技师相媲美的心灵手巧的工匠。作为一个极其可怕的君主，他既是老鹰，又是蚂蚁，既是狮子，又是海狸。这位君主活着的时候令人畏惧，现在则把自己当作圣人强加给子孙后代。他之前对人的行为横加干预，现在则对人的判断横加干预。如今在俄国，哪怕是对于外邦人，想要发表有关他的不偏不倚的看法，也是一种不无危险的亵渎行为。我时刻面临着这种危险，因为在所有的束缚中，对我来说最不堪忍受的就是那种强制性的赞美。（作者附释：在塞居尔伯爵将军 [1] 的《俄国及彼得大帝的历史》中有下面这段话 [提到的那些人是皇帝的亲兵]："彼得亲自拷打和审问这些罪犯，之后，他仿照暴君伊凡的做法，充当他们

---

1 塞居尔伯爵将军是前面提到的作为外交官塞居尔伯爵的儿子，名叫菲利浦-保罗·塞居尔伯爵（Philippe-Paul, comte de Ségur, 1780—1873），法国军事家和历史学家，是前面提到的外交官塞居尔伯爵的儿子。

的法官和刽子手……酒精和鲜血让他兴奋不已。他一手拿着酒杯，一手拿着斧子，仅仅一个小时，接连奠酒二十次，这意味着皇帝砍掉了二十个亲兵的人头，而且他自始至终对自己可怕的本领表现得十分得意。"）在俄国，虽然权力完全不受限制，可它却极为害怕批评，甚至害怕自由的言论。压迫者是所有人当中最害怕真相的。他只有依靠围绕在自己身边的恐怖和神秘来逃避人们的嘲笑。正因为如此，这里有几件事是提都不能提的：彼得三世和保罗一世死亡的"病因"不能提，某些恶毒的家伙说是在位的皇帝干的那些偷情的事也不能提，这位君主的娱乐只能被看作为国家大事操劳之余的放松活动。一旦明白了这一点，以及会给某些家庭带来的后果，人们就必须假装不知道，否则就要受到指控，犯下由奴隶和圆滑之人组成的民众眼中最大的罪行——说话不谨慎。

我迫不及待地想要见到皇后。据说她很有魅力，尽管同时又轻浮而傲慢。要维持她那样的生活，需要轻浮和傲慢。她既不干预也不了解任何公共事务，因为在无力按照所知的那样去做的地方，知识的坏处可不仅仅是无用。皇后的做法与皇帝的其他臣民并无两样：所有天生的俄国人，或者是会生活在俄国的人，必须把在公共事务上保持沉默作为其人生的座右铭。偷偷地交谈很有趣，但谁敢那样呢？

反思和分辨会使人怀疑自我。

列普宁先生[1]过去支配着帝国和皇帝，现在他已失宠两年，俄国有两年没有听说过他的名字，尽管那个名字从前就挂在大家的嘴边。他在一天内就从权力的顶峰跌落，变得无籍籍名。没有人敢记得他还活着，甚至也没有人敢相信他曾经活过。在俄国，大臣一旦失宠，他的朋友就不再是朋友。可以说，一个人在要失势的那一刻就被埋葬了。今天的俄国不知道昨天治理它的大臣是否还在。路易十五执政期间，舒瓦瑟尔先生[2]的罢黜是一次凯旋，而在俄国，列普宁先生的下台是一场葬礼。

由于大人物的沉默和奴性，俄国人将来向谁呼吁呢？贵族本该限制专制君主的权力，结果他们却唯唯诺诺，哪一次爆发的复仇怒火不是他们导致的呢？俄国贵族的责任是什么？是崇拜皇帝并成为滥用君主权力的帮凶，好使他们自己可以继续压迫人民。难道这就是天主给他们在这个庞大帝国的经济制度中安排的位置吗？他们在帝国官居要职，可他们做了什么该做的事情呢？在俄国历史上，除了

1　尼古拉·格里戈里耶维奇·列普宁—沃尔孔斯基（Nikolai Grigoryevich Repnin-Volkonsky，1778—1845），俄国将军，1835年成为国务会议成员。

2　舒瓦瑟尔公爵艾蒂安·弗朗索瓦（Étienne François, Duc de Choiseul，1719—1785），法国外交官和政治家，曾两次担任法国外交大臣。

皇帝，没有人尽了自己的本分。贵族、教士以及社会中其他所有阶级，全都没有尽到他们自己的责任。受压迫民族承受的不幸，永远是他们应得的。暴政是全体国民共同造成的结果。要么是文明世界将会在下一个五十年来临之前再次屈服于野蛮人，要么是俄国将会经历一次革命，而且比起我们在西欧还能感受到其影响的那次革命，这次革命将会更可怕。

我能感觉到我在这里让人害怕。我认为这是因为他们知道我是按照我的信念来写作的。外邦人只要踏进这个国家，马上就会感觉到他们在掂量和评判自己。"这是个实诚人，"他们想，"所以他一定很危险。"在律师政府[1]的统治下，实诚人不过是无用之人！

"法国普遍存在对于专制的模糊的憎恨，"他们说，"但那是夸张而愚昧的，所以，我们要勇敢地面对它。然而当一个旅行者——他的话有说服力，因为他自己相信——讲述他在我们中间难免会发现的实际的弊病时，我们就会被如实地看待。现在，法国在不了解我们的情况下尚且对我们吠叫，如果真了解我们，它就会撕咬了。"

俄国人的这种不安，无疑是太抬举我了。他们虽说善

1　英译者认为，这是在影射法国。

于掩饰，可这种不安瞒不了我。我不知道我是否会发表我对他们国家的看法，但我的确知道，他们非常害怕我可能公布的真相。

俄国人名义上什么都有，可实际上什么都没有。他们有文明、社交、文学、戏剧、艺术和科学，但他们没有医生。万一病了，只好要么自己给自己开处方，要么请个外国的执业医师。要是去请离得最近的医生，那就死定了，因为在俄国，医学才刚刚起步。除了皇帝的医生之外——我听说他虽然是个俄国人，可很有学问——唯一不会害人的就是给公爵们看病的德国医生。但公爵们居无定所，要弄清楚他们在哪里，常常是不可能的，或者即便知道了，也要派人到二十、四十或者六十俄里（两里格等于七俄里）之外去找他们。所以，俄国实际上没有医生。要是在公爵已知的住处应该找到的医生结果没有找到，接下来就没有指望了。"医生不在这儿。"此外没有别的答复。在俄国，所有事情都表明，不多嘴是这片土地上特别受人欢迎的品德。表现谨慎的机会只留给那些知道怎样抓住它的人，而哪个俄国人不愿意用这么小的代价为自己增光添彩呢？对于生就的廷臣并且特别喜欢顺从的人来说，大人物的计划和活动，还有因为从事诸如医生那样非常机密的工作而依附于大人物的人的计划和活动，除非正式宣布，否则不应该让人知道。神秘在这里取代了功德。

和我们医院中最没有名气的医生相比，这些公爵的医生中最能干的也差得很远。在宫廷里，哪怕是最有学问的执业医师，其技艺也会荒废，因为没有什么可以代替临床经验。我会很感兴趣地阅读俄国宫廷医生的秘密回忆录，但我不会采用他的方子。最好是把这样的人当成编年史家而不是医生。所以，要是外邦人在这些冒充的文明人当中病倒了，他最好认为自己是在野蛮人中间，并让一切听天由命。

晚上回到旅馆，我发现有封信，这让我大喜过望。由于我们大使的影响力，我获准在明天前往皇家小教堂，参加女大公的婚礼。

未经引见就出现在宫廷，这不合乎任何礼节，所以我根本没有奢望能获得这样的优遇。然而皇帝给了这样的优遇。大典礼官沃龙佐夫伯爵没有预先通知我，是不想让我空欢喜。他派了信使到离彼得堡十里格的彼得霍夫，代我恳求陛下的关照。这一体贴的考虑没有白费。皇帝已经允许我参加在宫廷的小教堂举行的婚礼，而且我将径直出席当晚的舞会。

Lettre onzième

第十一封信

彼得堡，7 月 14 日

日期的巧合·博阿尔内先生孙子的婚礼·宫廷的小教堂·尼古拉皇帝·他的长相·皇后·专制统治的后果·作者在宫廷的初次亮相·意外·豪华的装饰和服饰·皇帝一家进入教堂·皇帝做起了典礼官·希腊教会的仪式·帕伦先生·皇后的情绪·对洛伊希滕贝格公爵的描写·他的不耐烦·现代人在交谈时的过分拘谨·它的原因·皇家小教堂的音乐·大主教·皇帝吻了他的手·博阿尔内先生的护身符·在俄国没有人群·巨大的公共广场·亚历山大纪念柱·俄国人的附庸风雅·凯旋门·婚礼时的大风·可怜的皇帝·遭罪的皇后·对作者的引见·皇帝说话的声音·和蔼的皇后·冬宫的庆典·廷臣·宫廷舞蹈·波洛奈兹舞·高大的走廊·政治反思·法国政治·晚宴·吉尔吉斯汗·格鲁吉亚王后·俄国的宫廷服装·皇帝桌上的日内瓦人·君主的礼貌·北方的夜景·巧遇皇后·专制统治的哲学

　　我写信的这天是 1839 年 7 月 14 日，即攻占巴士底狱五十周年，那件事发生在 1789 年 7 月 14 日。这个日期的巧合有点奇怪。欧仁·德·博阿尔内[1] 儿子的婚礼刚好和

1　欧仁·德·博阿尔内（Eugène de Beauharnais，1781—1824），拿破仑一世的第一任妻子约瑟芬与其前夫的儿子，妻子是巴伐利亚公主奥古斯塔。

五十年前标志着我国革命开始的那天是同一天。

我刚从皇宫参加了玛丽女大公与洛伊希滕贝格公爵 [1] 婚礼庆典回来，婚礼在皇家小教堂举行的，完全是希腊式的。

我会尽量说得详细一点，但我得先说一说皇帝。

他脸上最突出的表情是焦躁而严厉，乍一看给人印象很深。他五官端正，但一点也不讨人喜欢。相面师说得很有道理：心肠硬会损害表情美。不过，尼古拉皇帝的这种表情似乎不是天生的，而是经历造成的。一个人要经受怎样的长期而残酷的折磨，他的脸色才会让人害怕呀，尽管长相高贵能让人不由自主地生出信任感！

一个人负责管理和监督某个庞大的机器、包括它的细枝末节，他会没完没了地担惊受怕，唯恐机器的这个或那个部件发生故障。听命于人者的痛苦只是取决于遭的罪本身，而发号施令者首先会有和其他人一样的痛苦，其次，在想象力和自恋心理的作用下，普通的痛苦会在他那里放大一百倍。责任是对绝对权力的惩罚。

如果他是所有心灵的原动力，那他也是所有伤心之事的中心。他越是让人惧怕，就越是让人可怜。

被赋予了不受限制的统治权的人，哪怕是在生活中普

1　洛伊希滕贝格公爵马克西米利安·德·博阿尔内（Maximilian de Beauharnais，1817—1852），欧仁·德·博阿尔内的幼子。

通的事情上，也能看到犯上作乱的影子。他以为自己的权力是神圣的，以为它们除了他的智力和意志之外，没有别的边界，所以他动不动就生气。在一次仪式期间，一只倒霉的苍蝇在皇宫里飞来飞去，让皇帝很是难堪。自然界的独立性在他看来是个坏榜样。不服从他专横的法律的事物，在他眼里就如同激战正酣时不服从指挥官命令的士兵。俄国的皇帝是一个军事首领，跟他在一起的每一天都是战斗的一天。

不过，间或流露的柔情也会让这位君主显得没那么专横，而且和蔼的表情会展示出他古典容貌的所有天然美。在这位丈夫和父亲心中，人性暂时战胜了君主政体。当这位君主放下给他的臣民套上枷锁的工作时，他似乎是幸福的。在人的原始的尊严与君主的做作的庄严之间的这种斗争，在我看来值得观察家注意。在小教堂的大部分时间，我的注意力都放在这一点上。

皇帝要高出常人半头，身材挺拔，只是有一点僵硬，因为他从年轻时就开始按照俄国人的习惯，把腰部以上勒紧，直到把胃挤进胸腔，导致肋骨周围出现不自然的隆起或扩张，那样既损害健康也比较难看。

这种刻意让身体变形的做法使人的动作一点也不自由，损害了形体的优美，而且让整个人都显出很拘束的样子。他们说当皇帝解开衣服时，内脏会因为突然下坠而在顷刻间失去平衡，造成一种非常特别的虚脱。肠子可以移位，但不能切除。

皇帝的侧面轮廓像希腊人。前额高，但向后倾斜；鼻梁挺直，形状完美；嘴部雕刻得非常精细；脸型呈长椭圆形，很高贵；完全一副军人的样子，不过，是德意志而不是斯拉夫的军人。他的举止和态度生来就很威严。他希望永远被人凝视，而且一刻也不会忘记他在被人凝视。甚至可以说，他喜欢这种用目光表达的敬意。

他的大部分时光都是在户外，在检阅或奔波中度过的。夏天，军帽帽檐在他额头留下一道斜杠，那是太阳在皮肤上晒的。这道杠产生了一种奇特的效果，但它并不讨厌，原因显而易见。

那么多人都把命运系于这个人的意志，我在打量他俊美的身姿时，注意到他的眼睛和嘴巴不能同时露出笑意，这不由得让人心生怜悯。这种不协调意味着长期的压抑。它使人很遗憾地想起，在他哥哥亚历山大皇帝不那么端正但更讨人喜欢的脸上，那种从容而自然的优雅。亚历山大皇帝总是令人愉快，但有时虚情假意。尼古拉皇帝比较实在；可他习惯性地板着脸，有时让人觉得严厉而固执。不过，如果说他不那么有魅力，他相比于他已故的哥哥要更坚定。但必须得说，他也需要表现得更坚定。彬彬有礼可以消除抵抗的欲望从而确保权威性。这种明智而省事的做法是尼古拉皇帝所不知道的行使权力的诀窍。别人希望的是爱戴，而他希望的是服从。

皇后的身形非常优美，尽管很瘦，但我发现她的整个外貌有一种说不出的优雅。她远不像我听说的那样傲慢，倒是一副习惯性的顺从的样子。进入小教堂的时候，她的病发作得厉害，我以为她快要晕倒了。神经性的痉挛让她脸上的每一个部分都在抽搐，头也在轻微地摇动。她那温柔的、凹陷得很深的蓝眼睛，流露出深切的痛苦，而她在用天使般的镇定硬撑着。她的神色充满感情，因为似乎没有意识到拥有什么而更有力量。她早早地就憔悴了，而且是那么虚弱，以至于人们说她活不了多久。她看上去就像飘过的幻影，或者不再属于人间的什么东西。她从来没有从她自从成为皇后以来就不得不承受的痛苦中恢复过来，夫妻间的责任耗尽了她的余生。

她给了俄国太多的偶像，也就是说，为皇帝生了太多的孩子。"她在大公们身上耗尽了自己！多么可怜的命运！"一位波兰贵妇说道——她并不觉得自己非要恭恭敬敬地用嘴巴说出心里厌恶的事情。

大家都看出皇后的状态不好，但没有人提及。皇帝是爱她的。当她卧病在床，他亲自照料，守在床边，给她准备吃的，还帮她服药。一旦她好点了，他就用庆典和奔波带来的刺激破坏她的健康。但在危险再次引起担心的时候，他就宣布取消所有的计划。对于可以预防不测的措施，他是非常反感的。妻子、孩子、仆人、亲戚、宠臣，总之，俄国所有人都必须卷入皇帝的旋涡，而且要微笑着，直到他们死亡。所有人都必须强迫自己符合君主的愿望，单是这种愿望就决定了所有人的命运。无论是谁，离皇帝这个太阳越近，就越是容易成为自己处境所带有的光环的奴隶。皇后在这种奴隶制的重压下已经奄奄一息。

这里的人们都知道这点，但谁都不说，因为决不要说有可能引起很大兴趣的话，乃是一条普遍的规则。不管是说的人，还是听的人，都不可以让人看到谈论的话题引起持续的关注，或者唤起任何强烈的感情。所有的语言资源都被用尽了，就为了在交谈中不涉及想法和态度，同时又不能显得像是强忍着不说——要那样，就说明你嘴笨。这项任务因为要做得不露痕迹而显得尤为艰巨，其所导致的过分的压抑，给俄国人的生活带来了痛苦。这样的折磨倒不失为一种赎罪的方式，对那些自愿被剥夺两项最重要的天赋的人来说。这两项天赋，即思维以及作为思维器官的言说，换言之，即思想和自由。

对于俄国，我看得越多，就越是赞成皇帝的做法：禁止他的臣民旅行，同时让外国人很难进入他自己的国家。要是允许与西欧自由往来，俄国的政治体系撑不了二十年。不要听信俄国人的谎话。他们错把浮华当作雅致，把奢侈当作教养，把强大的警察机关和对于政府的畏惧当作社会的基本原则。按照他们的观念，纪律就是文明。他们忘记了生活于荒野中的人可以很温和，士兵也可以很残酷。虽然俄国人自以为很有礼貌，虽然他们受过一知半解的教育，虽然他们过早地腐败了，虽然他们能够巧妙地理解生活的物质主义并拿来为己所用，但他们还没有成为文明人。他们是被征召入伍并受过训练的鞑靼人，仅此而已。

我希望这不要被理解为因此就可以小看他们。他们内心的粗野越是隐藏在比较温和的社会交往的形式下，我认为他们就越是可怕。至于文明，到现在为止，他们一直满足于展示它的外表，但是，如果有朝一日他们找到机会为他们事实上的劣势而报复我们，我们将不得不为我们的优势付出巨大的代价。

今天早晨，为了赶到皇家小教堂，我匆匆穿好衣服上了马车，跟在法国大使的车后面，穿过一座座广场和一条条街道，满怀好奇地仔细看着路上的一切。我在通往皇宫的路上看到的军队，不像我原先想的那么华丽，尽管那些马毫无疑问都非常不错。一座巨大的广场把君主的居所和城市的其他部分分开，来自四面八方的马车、身着号衣的仆人和穿着各式制服的军人络绎不绝。哥萨克的制服最为醒目。广场虽然是汇聚点，但它很大，并不显得拥挤。

在新的国家，到处都显得空荡荡的，如果政府握有绝对权力的话，情况就更是如此。正是因为缺少自由，才会制造孤独，传播悲伤。

廷臣们的车马装备看上去不错，但算不得真正的精美。马车很笨重，油漆做得不好，清漆做得更差。马车由四匹马拉着，马的缰绳太长。马车夫赶着两匹辕马。一个小驭手穿着跟马车夫差不多的波斯长袍，骑在一匹走在前头的马上；他坐在马鞍上，或者更准确地说，坐在马鞍里，因为马鞍的前后高而中间凹，而且里面塞了东西，像枕头一样。我想这个小孩按照德意志人的说法应该叫 Vorreiter（前面的驭手），在俄语中称为 Faleiter，总是骑在右侧，或者说离人行道最远一侧的头马上。其他国家的习惯刚好相反，驭手都是骑在左侧的马上，好让右手空着，控制另一匹马的方向。俄国马虽然不漂亮，但都有一定的血统，它们的精神和力量，以及车夫敏捷的身手和鲜艳的服装，让马车很引人注目，并形成一种整体效果：虽说不那么雅致，但比欧洲其他宫廷的车马随从看上去更神气和豪华。

正当我思绪纷纷，想着周围新奇的事物时，马车停在一处高大的柱廊下，我在那里下了车，夹在一群金光闪闪的廷臣中间。侍候他们的家仆外表和实际一样粗俗，服装几乎跟他们主人的一样耀眼。俄国人对华丽情有独钟；在宫廷仪式上，这种喜好表现得尤为明显。

因为担心和领着我的人分开，我下马车的时候太急了，一只脚磕在路牙上，卡住了我的马刺。当时没太在意，但之后我很快就发现，马刺掉了，更糟糕的是，靴子后跟也连着一起掉了，这让我非常着急。第一次就只能以这样一副狼狈相出现在一个位高权重而且据说还非常细心的人面前，对我来说真的很倒霉。俄国人喜欢奚落人，想到我初次露面就成为他们的笑柄，就特别不快。

怎么办？回到柱廊下寻找断了的后跟是没有用的。要是离开法国大使径自回去，本身就会把事情闹大。另一方面，如果就这样示人，那会毁掉我在皇帝及其廷臣眼中的形象，而且我无法坦然地送上门去任人取笑。在离家一千里格的地方乐极生悲，这在我看来是无法承受的。干脆不去太容易了，这就显得尴尬地过去是不可原谅的。我或许可以把自己藏在人群中，但是，我再说一遍，俄国根本就没有人群，尤其是在新冬宫那样的楼梯上。新冬宫和古斯塔夫歌剧院[1]的装修有点相似。我相信这座宫殿是现存的所有国王或皇帝的驻地中最大、最豪华的。

这件可笑的事情弄得我不知所措。生性胆怯的我，这下子更胆怯了。最后，恐惧本身给了我勇气，我开始用尽可能轻快的脚步慢慢地走过一座座巨大的大厅和一条条富丽堂皇的走廊，心里咒骂着走廊太长、光线太亮。俄国人冷漠，眼尖，并且和所有野心勃勃的人一样不体谅人。此外，他们不信任外邦人，害怕外邦人对他们的评判，因为他们觉得我们不怀好意。这种偏见使得他们吹毛求疵，喜欢暗中挖苦人，尽管他们表面上热情好客，很有礼貌。

我费了好大的劲，终于走到皇家小教堂的远端。在那里，什么都忘了，就连我自己和我愚蠢的尴尬也忘了。实际上，这个地方人群比较密集，没人看得出我的穿戴少了什么。接下来会看到的新奇的场面，让我恢复了冷静和镇定。作为一个不知所措的廷臣，我为我的虚荣心所引起的烦恼而羞愧，随着我重新扮演起单纯游客的角色，我恢复了一个观察家的平静和淡定。

再来说说我的衣服。我曾认真请教过这个问题。法国大使馆中有些年轻人建议穿国民卫队的服装。不过，我担

1　即瑞典老皇家歌剧院，建于古斯塔夫三世在位时，1892 年被拆除。

心这种制服会让皇帝不高兴，于是决定穿参谋人员的制服，并按照我的军衔，佩戴中校肩章。

有人事先警告我，说衣服看上去要新，而且它会招来皇子们以及皇帝本人的很多问题，那些问题有可能会让我尴尬。不过，到现在为止，还没有人有空来过问这么小的事情。

希腊婚礼又长又隆重。在东方教会，一切都具有象征性。在我看来，宗教的华丽为宫廷典礼增添了光彩。

小教堂的墙壁和屋顶，神父及其侍从的服饰，全都闪烁着黄金的光泽。这里的富有程度足以让最缺乏诗意的想象力感到惊讶。这样的场景可与《一千零一夜》中最奇幻的描述相媲美；它就像诗歌《拉拉鲁克》[1]，或者《阿拉丁神灯》——在那首东方诗篇中，感觉战胜了情感和思想。

皇家小教堂空间不大，里面挤满了所有欧洲君主以及几乎所有亚洲君主的代表，还有像我一样夹在外交使团随从人员中进去的外邦人，以及大使夫人和宫廷高官。栏杆把我们与一片圆形的场地分开，那里搭了祭坛。祭坛是一张矮方桌。唱诗班的位置是为皇帝一家保留的。我们进来的时候，那些位置还是空的。

---

1 《拉拉鲁克》（Lalla Rookh）是爱尔兰诗人托马斯·摩尔（Thomas Moore，1779—1852）描写东方传奇的叙事长诗，发表于1817年。

我很少见到像皇帝进入这座小教堂时那样宏伟庄严的场面。他出现了，与皇后一起走在前面，后面跟着宫廷侍从。人们的目光立刻全都集中在他和他的家人身上。在他的家人中，那对新人光彩照人。穿着刺绣的礼服，在如此华丽的地方庆祝两情相悦的婚礼，乃是一次不寻常的经历，它让现场的兴趣达到了顶点。我周围的人全都附和这样的说法；至于我，我既不相信奇迹，也不会看不出这里所有言行中所包含的政治动机。皇帝也许会自己骗自己，以为他这么做是出于父爱，可在他心底，对个人利益的期望也许在无意中影响了他的选择。

这既是因为贪婪，也是因为野心；守财奴总是算计，就连他们自以为屈服于公正无私的情感时也是如此。

宫廷的人很多，小教堂也很小，但秩序一点不乱。我站在外交使团当中，靠近把我们和祭坛隔开的栏杆。我们挤是挤，但还不至于挤得分不清大人物的相貌和动作，是义务或好奇心将他们聚集在那里。集会始终都很肃静，没有被任何混乱打断。灿烂的阳光照亮了小教堂的内部，那里的温度我估计已经升到列式三十度。我们注意到，皇帝的随员中有位鞑靼汗，穿着金色的薄纱长袍，戴了一顶尖尖的帽子，同样饰有金色的刺绣。他相对俄国是处于半附庸、半独立的地位。这位小国君主过来是为了请求全俄皇帝允许他十二岁的儿子成为皇帝的侍从，希望这样可以保证孩子有个合适的命运，他已经把儿子带到彼得堡。这位没落的强人的仪态，与那位成功的君主形成了鲜明的对比，这让我想起了罗马的凯旋式。

俄国宫廷的第一夫人们以及其他宫廷的大使夫人们的到来，为小教堂增添了光彩。在她们中间，我认出了松塔格小姐，现在的罗西伯爵夫人[1]。小教堂的南端是一个明亮的带有彩绘的圆形大厅，皇帝全家都在那里。镀金的拱顶反射着炽热的阳光，给皇帝夫妇及其孩子们的头上罩上了光环。女士们的礼服和钻石在各式各样的亚洲珠宝中闪耀着魔幻般的光辉，映射在圣所的四壁。在那里，君王的豪华似乎要挑战天主的威严——它为天主的威严增添了荣耀，同时也没有忘记它自己的荣耀。

这场华丽的展示整体都非常精彩，尤其是对我们而言，如果我们记得在并不遥远的过去，那时如果有沙皇的女儿举行婚礼，在欧洲几乎是不会听说的。还有，那时彼得一世宣布，只要他愿意，他有权把皇位交给任何人。在这么短的时间内取得了多大的进步啊！

1　亨丽埃特·松塔格（Henriette Sontag, 1806—1854），出生于德意志的科布伦茨，是当时享誉欧洲的女高音歌剧演员，但在婚后，从19世纪30年代到40年代末，她一度离开了舞台。

想到这个大国在外交等方面的成就，我们不禁自问，我们看到的是不是一场梦，因为就在不久前，它还被认为在文明世界无足轻重。在我看来，皇帝本人对于在他面前正在发生的事情还不太习惯；因为他屡屡中断自己的祈祷，轻手轻脚地从一侧走到另一侧，去纠正他的孩子或神职人员在仪式上的疏漏。这说明，在俄国就连宫廷也还没有完成其教育。他的女婿洛伊希滕贝格公爵被安排的位置不太方便，于是他让公爵挪了大概两英尺。女大公、神父们以及宫廷里所有重要的官员，似乎都要听从他细致入微但又至高无上的教诲。我觉得，听其自然反倒更显庄严。我本来希望，到了小教堂里面，那就只想着天主，大家都把自己的职责放下，用不着主人对教规或宫廷礼仪吹毛求疵，但在这个奇怪的国家，到处都看得出缺乏自由，哪怕是在祭坛的脚下。在这里，彼得大帝的幽灵统治着所有人的思维。

在希腊婚礼的弥撒仪式中，有一个环节是新人同杯共饮。然后，他们要在主持仪式的神父陪同下，手牵手绕祭坛三周，以示百年好合。所有这些做法都给人留下了很深的印象，因为它们让人联想到原始教会的习俗。

这些仪式结束后，接着就是把皇冠在新婚夫妇头顶上方托住相当长的时间。女大公的皇冠由她的兄长世袭大公托着，皇帝（再次离开他祈祷的桌子）亲自摆正皇冠的位置，那种慈祥、细心的样子真是难以言表。

洛伊希滕贝格公爵的皇冠由帕伦伯爵托着，他是俄国驻巴黎的大使，亚历山大那位太过出名、太过狂热的朋友的儿子[1]。帕伦伯爵带着他与生俱来的高贵朴素，忙碌着那件让所有渴望恩宠的人嫉妒的事情。那段如今禁止俄国人谈论，大概还禁止俄国人去想的往事，不停地浮上我的心头。那种做法是为了祈求上天的保佑，保佑保罗一世孙女的丈夫！很可能除了我，没有人想到这个奇怪的巧合。在这里，处事玲珑得体对于那些没有任何权力的人来说才是必要的。假如皇帝也想到我想到的事情，他就会让其他人去托住他女婿头顶上方的皇冠。但是，在一个人们既读不到也不谈论公共事务的国家，昨天的历史和今天的事情一点关系都没有，结果，权力有时做事就会漫不经心、疏忽大意，这证明它在一种并不总是明智的太平状态下麻木了。妨碍俄国政体进步的不是舆论或行动；君主的恩宠就是一切。只要恩宠还在，它就可以满足得到恩宠的人对于功绩、德行甚至清白的需要，同样，倘若恩宠收回，那他就一无所有。

---

1 此处的帕伦伯爵是第九封信提到的暗杀保罗一世的关键人物彼得·冯·德·帕伦的小儿子弗里德里希·冯·德·帕伦（Friedrich von der Pahlen，1780—1863）。

所有人都眼巴巴地望着那几只托着两顶皇冠的一动不动的胳膊。这场面持续了很长时间，对于托着皇冠的人来说一定很累。年轻的新娘极为优雅，蓝眼睛，皮肤白皙细嫩，脸上最突出的表情是坦诚和聪明。这位公主和她的妹妹奥尔加女大公，在我看来是俄国宫廷中最美的两个人，是天赋和地位的幸运的结合。

当主持仪式的主教把新婚夫妇交给他们威严的父母时，后者给了他们感人而热情的拥抱。随后，皇后扑到丈夫的怀里——这样的柔情流露更适合在卧室而不是教堂，但是在俄国，君主无论在哪里都和在家里一样，哪怕是在供奉天主的地方也不例外。不过，皇后的柔情似乎完全是不由自主的，因而并没有让人不快。那些在真实而自然的情感流露中还能找碴取笑的人是要倒霉的！像这样的情感流露是让人同情的。德意志人的好心肠绝不会丢失；其实，哪怕是身居宝座，只要让情感自然流露，就一定能打动人。

在做赐福祈祷之前，按照习俗，教堂里放飞了两只鸽子。它们很快就落在一处挑出的镀金檐口上，檐口正好在那对新人的头顶上方；在做弥撒的过程中，它们一直在那里不停地接嘴并发出咕咕声。鸽子在俄国活得很好，作为圣灵的神圣的象征，它们受人尊敬，禁止捕杀——多亏俄国人不喜欢鸽肉的味道。

洛伊希滕贝格公爵是个高挑、健壮的年轻人，但相貌平平。他眼睛秀气，但嘴巴突出，嘴型不好看。他的身材很好，不过算不上魁梧。制服穿在他身上挺合适，弥补了他在外表上明显的风度不足。他看上去更像一个聪明的海军中尉，而不是公爵。他没有任何亲戚来彼得堡参加婚礼。

在弥撒仪式期间，他似乎迫不及待地要跟他的妻子单独在一起；而在场的所有人的目光，在某种自发的同情心的驱使下，都投向了祭坛上方歇着的两只鸽子。

我没有圣西门的愤世嫉俗和描述才能，也没有美好的旧时代的作家那种巧妙的幽默感，因此，在这里，我必须舍弃某些对于读者来说实际上可能相当有趣的细节。他们在路易十四时代行使了言论自由，而当时对言论自由有利的是，除了那些全都以同样的方式生活和说话的人之外，没有别的听众。也就是说，那时候有很多交往，但没有公众。而现在，有公众，但没有交往。对于我们的父辈来说，每个叙述者都可以在他自己的圈子里陈述事实而无须考虑后果；如今，所有阶级的人都搅和在一起，缺少仁爱，因此也缺少安全感。对于并非全都从相同的词汇表中学会法语的人来说，表达自由会显得难以接受。平民的敏感性已在一定程度上渗入法国上流社会的语言；我们对其说话的人越多，说话的方式就越是必须严肃和准确；一个民族需要的与其说是亲密的交往，还不如说是尊重，不管那种交往是多么高雅。至于语言的得体，听众比宫廷更严格。听众的数量越多，言论自由就越是会引起麻烦。正是出于这样的几个原因，我才没有说，早晨在皇家小教堂，它让不止一个一本正经的大人物，或许还有不止一个淑女脸上露出了笑容。可是，有件事情与现场庄严的气氛以及观众必须保持严肃的要求格格不入，对此，我不能一声不吭就让它过去了。

希腊婚礼有一个环节要求所有人都跪下。在和其他人一起跪下之前，皇帝用一种严厉的、搜寻的目光扫视了聚集在教堂里的人们，似乎是要确保没有人还站着。此举纯属多余，因为在场的外国人中尽管既有天主教徒又有新教徒，但我可以肯定，根本就没有人想过表面上不去遵守希腊教会的各种仪式。（作者附释：1843 年 1 月，我所认识的一个最诚实的人从罗马给我寄来的记述，在一定程度上解释了皇帝的这种担心。"12 月的最后一天，我去了耶稣会教堂，那里装饰得富丽堂皇，管风琴在演奏优美的乐曲，罗马的名流悉数到场。华丽的祭坛左侧摆放着两把椅子，那是给俄国皇帝的女儿玛丽女大公和她的丈夫洛伊希滕贝格公爵准备的。陪伴他们前来的是他们的随从和瑞士卫兵。护送他们的瑞士卫兵坐在椅子上，而不是先跪在对面的垫子上，而且他们对于眼前的圣礼一点也不关注。女宾们坐在后面，这让公爵和公主只好调过头来才好交谈，而且他们不停地那样，就跟在沙龙里似的。两名侍从一直站着，圣器保管员以为他们想要座位，于是忙不迭地给他们安排，结果招来公爵和公主很多不合时宜的笑声。在举行感谢天主过去一年赐福的仪式过程中，教宗一直跪着。当洛伊希滕贝格公爵也跪下的时候，一位红衣主教作了祝福祈祷，但公主依然坐着。"）

在这样的时刻还感到怀疑，这证明了我之前的观察是正确的，也让我有理由再说一遍，焦躁和严厉已经成为皇帝脸上习惯性的表情。

如今可以说到处都在造反，也许君主专制本身开始害怕了，唯恐它的权力会受到某种侮辱。这种想法与它持有的有关自身权利的观念，会发生不愉快甚至可怕的冲突。绝对权力在自身感受到恐惧的时候是最令人害怕的。在注意到皇后的不安、虚弱和消瘦时，我想，这个有趣的女人在她登上宝座时发生的叛乱期间，肯定是备受折磨。做英雄是要付出代价的；这代价就是坚毅，但坚毅会耗尽活力。

我已经说过，所有人都跪下了，最后，皇帝也跪下了；有情人终成眷属；皇帝一家和观众起立；神父们和唱诗班唱起了《感恩赞》，而外面礼炮鸣响，向全城宣告婚姻的神圣。优美的音乐混合着礼炮的轰鸣、教堂的钟声以及远处人们的欢呼，有一种难以名状的宏大效果。所有的乐器都被清出了希腊教会，在那里赞美天主的只有人声。这种严谨的东方宗教仪式很适合歌唱艺术，使其保留了全部简朴的特征，在吟唱中制造的效果美妙绝伦。我能想象到，我听到了六千万臣民的心跳——那是一支活的乐队，跟着但没有盖过神父们庆祝凯旋的圣歌。我被深深地打动了。音乐甚至可以使我们暂时忘记专制统治本身。

我只能把这些没有伴奏的合唱比作受难周期间在罗马西斯廷教堂唱的《主啊，怜悯我》，但教宗的教堂和从前相比差远了。它是罗马众多的废墟中的又一处废墟。上个世纪中期，当时的意大利学派正如日中天，作曲家们被人从罗马带到彼得堡，对古老的希腊圣歌作了重新整理，而没有破坏它们。这些外邦人的作品成了杰作，主要归功于他们对天赋和技巧的运用完全从属于古代作品。他们的经典曲目在吟唱时产生的力量配得上经典二字。女高音声部，或者说童声高音部——因为在皇家小教堂没有女性歌唱——非常准确。低音部有力、深沉、纯净，超过了我记忆中在别的任何地方听到的歌声。

对于一个艺术的门外汉来说，单是皇家小教堂的音乐，彼得堡就值得一游。音乐表达的甜美、力量和各种最细微的差别，所体现出的深厚情感与高超技巧，不论怎么赞美都不为过。俄国人有音乐天赋，这一点，凡是在他们教堂听过音乐的人都不会怀疑。我听的时候大气都不敢出。我期待我博学的朋友迈尔贝尔[1]为我解释一下，我深深地感受到但又无法理解的那些音乐的美妙之处。他会根据它们传递的灵感来理解它们，因为他对于模范作品的钦佩，是通过努力赶超表现出来的。

在唱《感恩赞》的过程中，两个唱诗班正在互相应和时，壁龛打开了，神父们出场了：他们头戴亮闪闪的饰有珠宝的冠冕，身穿金色长袍，威严的银色胡须垂在长袍外面，有些神父的胡须长及腰部。助祭的出场同样光彩夺目。这个宫廷的确很豪华，军服也流光溢彩。我欣喜地看到，人们用财富和铺张来礼拜天主。一群不敬神的听众安静而专注地聆听着圣乐，仅此一点就给人一种印象，觉得吟唱的圣歌不如这些听众庄严。天主就在那里，他的临在甚至让宫廷也变得神圣了：世界和智慧不过是从属之物，占据统治地位的思想是天国。

主持仪式的大主教没有给这个富丽堂皇的场面丢脸。他虽然长得不好看，但受人敬重；他的个子小得像鼬鼠，

1　贾科莫·迈尔贝尔（Giacomo Meyerbeer，1791—1864），19 世纪著名的德意志歌剧作曲家。

已因为上了年纪而白发苍苍。他显得忧心忡忡、面带病容；一个老迈的神父，不可能是卑鄙的人。仪式结束的时候，皇帝过来向他鞠躬，恭恭敬敬地吻了他的手。

这位专制君主从来不放过在顺从方面以身作则的机会，只要这样做对他有利。我对可怜的大主教产生了兴趣，他在履行其光荣的职责时，表现得有气无力。皇帝威严的身姿，还有他高贵的面容，在宗教力量的代表面前屈服了——那对年轻的夫妇、皇帝一家、观众，总之，所有挤在教堂里并使教堂充满生气的人，构成了一幅画的主题。在仪式之前，我以为大主教会晕倒。宫廷让他等了很长时间，全然不顾路易十八的那句话，"准时是国王有礼貌的表现"。虽然那位老人脸上有狡黠的表情，但他激起了我的同情。他那么虚弱，却又那么耐心地忍受疲惫，让我深感同情，尽管我并不尊敬他，因为，不管他的耐心是出于虔诚还是出于野心，它都经受了极其痛苦的考验。

至于年轻的洛伊希滕贝格公爵，我竭力想去接受他，但白费力气。无论是在仪式开始还是结束，我始终对他没有好感。这个年轻人有一种优雅的军人风度，但也仅此而已。他让我想到我之前知道的，即在我们时代贵族比绅士更常见。我应该说过，对于这个年轻的公爵来说，更适合他的位置是成为皇帝的卫兵而不是皇帝的家人。在举行典礼的过程中——典礼在我看来非常感人——他始终面无表情，如同漠不关心的看客。我到那里仅仅是出于好奇，可我却被深深地打动了。皇帝的这位女婿，现场的男主角，却似乎对他周围发生的一切毫无兴趣。他的脸上一片茫然，似乎把注意力更多地集中在自己身上而不是自己正在做的事情上。看得出来，他不太指望宫廷的善意，因为同其他任何地方相比，宫廷里更是钩心斗角，他出乎意料的好运气会为他招来更多的敌人而不是朋友。不过，这位年轻的公爵不太像他的父亲，后者的脸色既聪明又和善。虽然他穿着紧身的俄国制服——那种制服穿在身上，不管是谁都会觉得受拘束、碍手碍脚——可在我看来，他的步子就像法国人一样轻快。在从我面前走过的时候，他没有想到，在他旁边有个人，胸前戴了一件遗物，对两个人来说都很珍贵，但对欧仁·博阿尔内的儿子来说更加珍贵。我指的是那个阿拉伯护身符，它是博阿尔内先生，也就是那位意大利总督的父亲和洛伊希滕贝格公爵的祖父，在去断头台的路上，经过我母亲在加尔默罗修道院的牢房时给她的。

在希腊式的小教堂举行的宗教仪式结束之后，天主教神父在皇宫的某个大厅——它只是在这一天才作这种宗教的用途——又作了第二次新婚祝福。在这两次婚礼之后，新娘新郎以及他们的家人一同用餐。我呢，无论是天主教婚礼还是宴会都不允许参加，所以就跟在大部分谦和而有威严的观众后面，到外面透口气，庆幸自己的破靴子没造成什么影响。不过，有些人用开玩笑的口气跟我说起它，仅此而已。不管好坏，凡只关系到我们自己的事情，都不像我们想象的那样要紧。

离开皇宫的时候，我又一次毫不费力地找着了我的马车。我再说一遍，在俄国，根本就没有聚集的人群。空间相对于在那里所做的事情来说，总是太大。这是一个不存在民族的国家的优势。在一个用那样的方式组织起来的社会中，人们要是聚集成群，那就等于革命。

无论哪里都可以观察到的空旷感，使得公共建筑相对于它们所在的广场来说显得太小，好像在空间里消失了似的。由于底座较高，亚历山大纪念柱被认为比旺多姆广场纪念柱高。亚历山大纪念柱的柱体是一整块花岗岩，那是到现在为止人工制作的最大的柱体。这座巨大的纪念柱矗立在冬宫与广场另一端的新月形建筑之间，从冬宫望过去，似乎不过是一根杆子，而周围的房子有可能会被当作栅栏。广场上哪怕有十万人演习，也不会显得拥挤或人多。冬宫环抱着广场。冬宫的立面是仿照伊丽莎白女皇老冬宫的样子重建的。在看了雅典和罗马建筑杰作的仿制品之后，这里至少可以让眼睛放松一下。冬宫的建筑风格属于摄政时期或路易十四时期建筑风格的退化形式，但规模非常大。广场对面是半圆形或新月形的大楼，里面设有不止一个政府大臣的官署。这些大建筑基本上都是按照古希腊风格建造的。多么奇怪的趣味！给文员修造的神庙！海军部大楼也在这座广场上。大楼的小柱子和镀金的尖塔别具一格。一条林荫大道点缀着对面的广场，使它显得不那么单调乏味。在巨大的俄国战神广场的另一侧，坐落着圣以撒大教堂，有着高大的列柱和黄铜穹顶，此时仍然有一部分被脚手架挡着。继续往前，可以看到参政院宫和其他仍然采用异教徒神庙样式的建筑。更远处，在这个长方形广场挨着涅瓦河一端的一个角上，矗立着彼得大帝的塑像，它就像岸边的一块鹅卵石，消失在广漠的空间。上面说到的这些大建筑所用的材料，足以建造一整座城市，却没有把彼得堡的一座大广场的几条边修好。广场就像一片大平原，长的不是小麦，而是柱子。俄国人可以竭力去模仿艺术在别的时代和别的国度产生的所有美的东西，但他们忘了，自然比人强大。他们向它请教得根本不够，所以它不断地报复，给他们降下灾祸。只有倾听自然并感受到自然的力量的人，才会创造出伟大的作品。自然是天主的构想。艺术是人的构想与创造了世界并让世界长存的那种力量之间的联系。艺术家在世间复述他在天国听到的东西；他只是天主的作品的翻译者；那些按照他们自己的模式进行创造的人，只能制造出怪物。

在古人[1]中间，建筑师把建筑物建在陡峭、狭窄的地方，那里美丽的景色给人类的作品增色不少。俄国人自以为他们是在复制古代的奇迹，实际上，他们不过是在用滑稽可笑的方式模仿它们。他们在旷野中建造所谓的希腊罗马建筑，结果它们在那里几乎难觅影踪。适合这样一片土地的建筑，不是帕特农神庙的柱廊，而是北京的塔。如果自然没有让地表起伏不平，那就该由人类去造山；但俄国人在修建柱廊和山花时却没有想到这一点：在一片平坦的、光秃秃的广阔区域，高度那么低的大建筑是很难分辨清楚的。在那几个自称复原了古罗马广场的城市里，我们仍然可以认出亚洲的干草原。[2]莫斯科大公国与亚洲的联系要比与欧洲的联系更紧密。东方的精神盘旋在俄国的上空。皇宫对面的半圆形建筑，如果离开适当的距离从一侧看过去，有不完整的古代露天剧场的效果。如果更近一点细看，我们只能看到一系列的装饰，每年都要重新抹上灰泥，为的

1　指古希腊罗马人。

2　这些话只适用于从彼得一世时期开始建造的建筑物。建造了克里姆林宫的中世纪的俄国人，对于适合他们土地和民族特征的建筑有更好的理解。

是修补它们在冬季遭到的破坏。古人是在有利的气候下采用了不易损坏的建材，而在这里，在一种能够毁灭一切的气候下，他们用木材建造宫殿，用木板建造房屋，用灰泥建造神庙，结果呢，俄国工匠一辈子都在修修补补——冬天坏掉的，要在夏天修好。无论什么也抵挡不了这种气候的影响，就连看上去最古老的大建筑也是不久前刚修复的；这里的石头一点不比别处的石灰砂浆耐用。制作亚历山大纪念柱的那块巨大的花岗岩，已经因为严寒而破损。在彼得堡，必须使用青铜来支撑花岗岩；然而，尽管有这些警告，他们还是乐此不疲地模仿南方国家的趣味。他们让极地无人居住的地方布满了塑像和浅浮雕，没有考虑到在他们国家，纪念碑比记忆消失得还快。当下的彼得堡只是某个建筑的脚手架，当这个建筑完工的时候，脚手架就会拆掉。这一杰作——不是建筑的杰作，而是政体的杰作——就是新拜占庭。俄国人深切而隐秘的渴望，是让它成为俄国和世界未来的都城。

皇宫对面，一条巨大的拱廊穿过前面提到的那排半圆形建筑，通往大海街。在这条巨大的拱廊上方，放了一辆青铜的六驾马车，驾驭者不知是哪个寓言或历史中的人物。我不知道在其他地方是否能看到像这个巨大的门洞一样俗气的东西，它开在大楼下方，两侧是普通住宅，然而在俄国建筑师的设计中，这并不妨碍它变成凯旋门。我对战车、塑像和战马的做工感到怀疑；但是，即使它们很好，放得也不是地方，所以我不欣赏它们。艺术品吸引人去察看细节的是和谐以及整体性。要是在构思上没有长处，那如何保证制作的精美？可事实上，俄国的艺术作品这两者都欠缺。到现在为止，这种艺术一直局限于不加选择地或盲目地模仿别国的作品，不问好坏。如果在构思上考虑的是复活古代的建筑，那在做的时候就要严格地模仿，并将这样的复制品放在类似的地点。这里的所有建筑大是大，但很拙劣，因为在建筑方面，优秀与否并不取决于建筑物的大小，而在于风格的纯正。

我始终弄不明白，他们这里为什么那么喜欢明亮、高耸的建筑。在冬夏温差有时达 80 度的气候下，居民跟高大的门廊、拱廊、柱廊以及周柱廊有什么关系？可哪怕是大自然，俄国人也习惯于将其视为奴隶。作为固执的模仿者，他们把虚荣误以为是才华，以为自己命中注定要重现世上所有的奇迹，而且要比原作还大。到现在为止我所见到的俄国历代君主的这些创造物，表现的只是自恋，而不是对艺术的热爱。

除了别的吹嘘之外，我还听很多俄国人说，他们的气候也在不断改善！天主会纵容这个贪婪的民族的野心吗？

会连南方的天气和微风也给他们吗？我们会在拉普兰看到雅典，在莫斯科看到罗马，在芬兰湾看到泰晤士河的财富，并看到各国的历史仅仅变成一个经纬度的问题吗？

我的马车离开皇宫，快速地穿过我一直在描绘的那个巨大的广场。此时，狂风卷起漫天的尘土，我只能模模糊糊地看到一辆辆驶向四面八方的马车。夏季的尘土是彼得堡的烦恼之一。它讨厌得让我甚至盼望起冬天的大雪。我刚到旅馆便狂风大作。正午时的天昏地暗，没有雨点的隆隆雷声，能把房屋吹倒的大风，还有让人透不过气来的高温，这些就是上天在婚宴期间送来的祝贺。迷信的人认为这些乃是不祥之兆，但他们很快就放心了，因为他们看到，风暴并没有持续多长时间，而且风暴过后空气要比之前干净。我只是把我见到的讲出来，并无同情之意，因为在这里，我只对可以触动一个好奇而细心的外邦人的事情感兴趣。在法俄之间隔着一堵长城——斯拉夫人的语言和性格。尽管彼得大帝给俄国人灌输了一些观念，可西伯利亚仍然始于维斯瓦河。

昨天七点钟，我和其他几个外国人回到了皇宫，因为要被引见给皇帝和皇后。

不难看出，皇帝一刻也忘不了他的身份，忘不了他始终引起的关注；他不断地钻研姿态——正因为如此，他的举止一点都不自然，哪怕是在他很诚恳的时候。他有三种表情，可没有一个是率直、仁慈的。最为习惯性的表情似乎是严厉。另外一种比较少见但是和他漂亮的面庞或许更相称的表情是庄重。第三种表情是彬彬有礼，其中带有一点点温柔和优雅，有助于缓和前两种表情给人留下的冷冰冰的印象。可是，尽管有这种优雅，还是有某些东西损害了这人在道德上的影响力，因为每一种表情都可以任意切换，之前的表情不会留下一丝痕迹来修饰接下来摆出的表情。我们对于这样的变化缺乏准备，所以它就显得像是可以随意戴上去又摘下来的面具。请不要误解我说的面具这个词的意思，我对它的使用依据的是严格的词源学含义。在希腊语中，伪君子的意思是演员，伪君子是戴上面具演戏的人。所以，我只是说，皇帝总是在扮演他的角色。

伪君子或演员这两个词不好听，尤其是在一个自称公正和恭敬的人嘴里。可我认为，对于明智的读者来说，而且我也只是对明智的读者说的，词语本身什么也不是，它们的重要性在于赋予它们的意义。我不是说这位君主的面相不够坦诚，而是说其表情不够自然。所以说，俄国主要的不幸在于缺少自由，这一点甚至表现在它君主的面部表情上：他有很多面具，但没有面孔。你想寻找的是人，结果找到的总是皇帝。

我相信这话可以被理解为对他的赞扬，即他尽心尽责地扮演他的角色。要是有片刻的工夫让自己表现得平凡而简单，或者让人看出他的生活、想法和感觉跟凡夫俗子一个样，那他就会责怪自己的软弱。他永远是总督、法官、将军、海军上将和君主——不多也不少——似乎无须我们爱戴。随着年岁渐长，他肯定会对所有这方面的努力感到厌倦，但这会让他得到他的臣民，也许还有世界的高度评价，因为大众钦佩那些令他们吃惊的努力，也为能够看到令他们赞叹的努力而感到自豪。

那些认识亚历山大皇帝的人，完全基于不同的理由赞扬那位君主。兄弟两个的优缺点刚好相反；他们之间既没有任何相像的地方，也没有任何投契的地方。在这个国家，对于已故皇帝的记忆是不受尊重的，而目前的做法合乎那种总想让人忘记之前君主的统治的政体。相比于亚历山大，尼古拉和彼得大帝更像，所以现在彼得大帝比较流行。皇帝的祖先会受到吹捧，而他们的前任总是受到诋毁。

现在的这位皇帝除非是在他的家庭交往中，否则决不放下无比威严的架势。只有在那里他才想起，自然的人拥有与国家责任无关的乐趣。至少我希望，把他和他的家人联系在一起的，正是这种无关利害的感情。他的私德对于他的公共身份无疑是有帮助的，使他得到世人的尊重，但我相信，他在践行那些美德时不会有这种盘算。

在俄国人当中，君主的权力如同宗教一样受人尊重，这种宗教的义务和权威，同神父个人的功德无关：君主的品德如果有多余的，那就更真诚了。

要是我住在彼得堡，我会成为一名廷臣；不是因为喜欢地位和权力，也不是因为愚蠢的虚荣，而是因为想要找到某条道路，可以通往一个和其他所有人都不一样的人的内心。冷漠不是他身上天生的缺陷，而是他无可选择也无可推脱的位置所必然造成的结果。

放弃争夺中的权力有时是一种报复，而放弃绝对的权力则是懦夫行为。

俄国皇帝奇特的命运先是让我产生了强烈的好奇心，继而又感到同情。对于这种光荣的流放，谁的心里不会感到怜悯？我不确定天主赐给尼古拉皇帝的心灵是否容得下友情，但我觉得，想要证明对于一个社会不允许与其平等的人的无私感情的愿望，似乎是可以代替野心的。危险甚至会给这样的热情增添狂热的魅力。什么！有人会说，这样一个毫无人性的人，一个一脸严肃、令人又敬又畏的人，一个看上去坚定而固执、要求人们顺从、容不得不拘礼节的行为的人，一个微笑时嘴巴和眼神不协调的人——总之，一个一刻也忘不了扮演绝对君主角色的人，对这样一个人产生友情!

为什么不呢?这种不协调,这种表面上的严厉不是罪过,而是不幸。我从中看到的是强制性的习惯,不是天生的性格。因为相信这一点,我能懂得这个人,你们的阿谀奉承还有惧怕和戒备,使他受到中伤。我能感受到他为了履行君主的职责而必须付出的全部代价。我不会让一个被奉若神明却又如此可怜的人,听任其奴隶的熊熊妒火和假意顺从的摆布。重新发现这位君主身上的人性,并爱他如兄弟,乃是一项宗教的使命,一件会得到上天祝福的善事。

我们对于宫廷了解得越多,尤其是对于俄国宫廷了解得越多,我们对他必定就越是同情。他不得不主持那个宫廷。那个宫廷就像剧场,舞台上演员们在排练中打发时光,谁都不知道自己的角色,而表演的那天也从未到来,因为经理对于自己团队的熟练程度根本就不满意。演员和经理就这样在准备、纠正和完善他们冗长的社会戏剧中打发时光,那部社会戏剧的名字是《北方的文明》。如果说它对观众来说都那么累,那对表演者来说又肯定怎样呢?

从血统来讲,这位皇帝与其说是俄罗斯人,不如说是德意志人。他面庞俊美,侧影端正,身材挺拔,举止天生有点僵硬,这一切让人想到的是德意志而不是莫斯科大公国。他那条顿人的火暴脾气一定是经过长期的训练和约束,才会使他像现在这样，变成一个彻头彻尾的俄罗斯人。谁知道呢？他或许生来就是一个平凡而和善的人！倘若那样，在他只能作为斯拉夫人的首领示人之前，他什么没有忍受过？为了统治他人而必须不断地战胜自己，这会在很大程度上解释尼古拉皇帝的性格。

这些事情非但没有使我感到厌恶，反而引起了我的好奇。我不禁饶有兴趣地看待一个令世界上其他人感到畏惧，而其实不过更令人同情的人。

为了尽可能地逃避他强加给自己的约束，他是如此的焦躁不安，就像关在笼子里的狮子，或者像发着高烧的病人。他或者徒步或者骑马，不停地奔波：检阅部队、发动小型的战争、航海、操练舰队、举办或参加庆典。闲暇是这个宫廷中最可怕的东西。据此，我得出的结论是，没有哪个地方让人感到如此无聊。皇帝不停地旅行；他每个季节的行程至少在一千五百里格以上。他不明白，别人并没有他那样的体力。皇后爱他，害怕离开他，所以她尽可能地跟着他，并因为这种生活所造成的疲惫和兴奋而濒临死亡。

这种一点也不安静、完全没有规律的生活，对于他们孩子的教育肯定是有害的。年轻皇子们的生活不够与世隔绝，不足以摆脱一个总在东奔西跑的宫廷的浮躁，缺少有趣且有利于把人联系在一起的交谈，以及不可能进行沉思等等，必然给他们的性格造成不良影响。当我想到他们的时间分配，我甚至对他们表现出的才干不抱希望，我就像担心没有把根扎在大自然土壤中的花朵能保持多久美丽一样。在俄国，什么都浮于表面，正因为如此，什么都令人怀疑。

今晚引见我的不是法国大使，而是宫廷的大典礼官。皇帝的命令就是如此，这一点，我们大使事先就通知我了。我不清楚这是不是通常的做法，但我就是以这种方式被引见给皇帝和皇后的。

所有有幸接近他们的外国人都集中在一个大厅，当他们继续开舞会的时候会从中穿过。我们在约定的时间到了那里，而那些显赫的人物还要等好长时间才会出现。

和我一起的有两三个法国人、一个波兰人、一个日内瓦人以及几个德意志人。大厅对面有一排俄国女士，她们聚集在那里是为了献殷勤。

皇帝彬彬有礼地接待了我们。乍一看，这样的一个人很容易得到认可：尽管他大权在握，却不得不迁就并习惯别人的自恋。

为了暗示我可以在不冒犯他的前提下仔细看一看他的帝国，皇帝陛下尽主人之谊，说我至少必须看一看莫斯科和下诺夫哥罗德，然后才能对俄国有正确的认识。"彼得堡是俄国的，"他补充说，"但它不是俄国。"

说这短短几个词的时候那种语气令人难忘，它显得非常坚决，带有强烈的权威性。所有人都跟我提到过皇帝举止威严、相貌堂堂、身材魁梧，但谁都没有让我对他说话的声音的威力做好准备：那是天生就适合发号施令之人的声音。它不是靠努力或学习可以做到的，它是一种天赋，是通过习惯性的运用形成的。

我和皇后离得比较近，她脸上的表情非常可爱，说话的声音也很甜美动人，就像皇帝说话的声音天生就专横一样。

她问我，到彼得堡来是不是单纯为了旅行。我作了肯定的回答。"我知道您是一个好奇的观察家。"她继续说道。

"是的，夫人，"我回答说，"正是好奇把我带到了俄国；而这次，至少我不后悔听从了对于旅行的激情。"

"您真的那么想吗？"她用一种非常迷人而优雅的方式答道。

"在我看来，这个国家有那么奇妙的事物，要相信它们，就需要亲眼看一看。"

"我希望您多看看，并且多看看好的方面。"

"陛下的这个希望是一种鼓励。"

"如果您对我们有好感，您会这么说，但没有用；没人相信您的话，因为我们不被理解，人们总是把我们往坏处想。"

从皇后嘴里说出来的这些话给我的印象很深，因为它们刚好说中了那种先人之见。在我看来，那也是她想要表示对我的某种仁慈，用一种少见的礼貌而简洁的语言表达出来。

皇后说话的时候，她能让人产生由衷的敬意和信任。通过宫廷的语言以及在说话时必须表现出的矜持，不难看出她有一颗善良的心。这种不幸使她有一种说不上来的魅力。她不仅仅是皇后，而且还是一个女人。

她似乎正在忍受因为极度的疲乏所引起的痛苦。她消瘦得非常惊人。她那种不安定的生活耗尽了她的精力，而且他们说，比较平静的生活所带来的无聊将会同样有害。

引见过后就是我平生所见的最豪华的庆典。这座（在一年内重建的）宫殿的每一间大厅都激起了整个宫廷的赞叹和惊讶，从而给寻常典礼的那种铺张场面增添了戏剧性的效果。每一间大厅和每一幅绘画对俄国人自己来说都是意外的惊喜。他们现在第一次看到这座奇妙的居所，那是他们的神用言语让它从灰烬中冒出来的。当我凝视着一条条长廊、一座座雕塑和一幅幅绘画，我感叹道，人的意志做出了怎样的努力啊！装饰的风格让我想到了这座宫殿初建的时代，我似乎已经看到古代的样子。在俄国，他们什么都模仿，连时间的作用也不例外。这些奇迹激起了人们的赞叹。赞叹是有传染性的，对于创造这些奇迹的手段，我内心的愤慨也开始消失了。如果说，我才在这里住了两天就可以感受到这样的影响，那对于在俄国宫廷的气氛中出生和生活的人来说，有什么是不可以容忍的！这是在俄国；从帝国的一端到另一端，呼吸的都是宫廷的空气。即便是农奴，他们通过与地主的关系，也可以感受到单凭自身就可以让国家充满生气的君主意志的影响：农奴的主人是廷臣，可对于他们来说就如同皇帝；只要是在有人发号施令和有人俯首听命的地方，对俄国人来说就有宫廷。

在别的地方，穷人要么是乞丐，要么是社会中无法无天的人；在俄国，他们都是廷臣。在社会的所有等级中都可以找到廷臣，正因如此，我才说宫廷无处不在。俄国贵族与古代欧洲出身名门的那些人，他们的看法之间的区别，同廷臣与贵族之间，或者虚荣与骄傲之间的区别是一样的；真正的骄傲是美德，但它几乎跟美德一样罕见。不要像博马舍[1]等很多人那样去辱骂廷臣，这些人不管怎么说，和其他人一样值得同情。可怜的、不幸的廷臣！他们不是

1　皮埃尔·博马舍（Pierre Beaumarchais，1732—1799），一生扮演过多种社会角色，最著名的是他创作的喜剧《费加罗三部曲》。

在我们现代的戏剧和浪漫作品中，或者我们的革命杂志中描写的魔鬼。他们不过是软弱的造物，自己堕落的同时也在使别人堕落，就和其他较少受到引诱的人一样，不比他们更甚。无聊是对富有的诅咒，不过，它并不是罪过。和别的舞台相比，宫廷里虚荣和私利会表现得更加强烈，因而对它们的追求也更加热切。这些激情会让人短寿。但是，即便说在它们的搅扰下，心灵会更加痛苦，可它们并不比其他人的那些激情更不合常理。人类的智慧如能向大众表明，对于拥有虚幻的好处的人，他们应该抱有多大的同情而不是嫉妒，那它会取得很大的成就。

我看到他们跳舞的地方恰好是他们差点儿死在燃烧的废墟下的那个地方，的确有人之后死在了那里，目的是在皇帝指定的日子消遣。这种想法让我不由自主地陷入了沉思，一种阴沉的气氛笼罩了整个庆典（对我来说）。在其他地方，自由带来的快乐容易让人产生幻觉，在这里，专制引发的沉思使得自我欺骗也做不到。

在这个国家举行盛大庆典时最常跳的那种舞并没有打乱思考的过程。人们和着音乐，一齐迈着庄严的舞步；每个男士都牵着他的舞伴的手。在宫殿里，几百对舞者就这样排着队，从一间巨大的大厅走到另一间巨大的大厅，蜿蜒穿过大厅间的长廊，并按照领头人任性决定的次序和方向，穿过整座建筑。这就叫波洛奈兹舞。起初它很有趣，但是对于注定一辈子要跳它的人来说，我想，舞会一定是一种折磨。

彼得堡的波洛奈兹舞使我想起了维也纳会议，1814年我在那里跳过这个舞。那一次，在欧洲人的盛会上，不需要遵守任何规矩，大家跳舞时的位置是随意的，尽管各国的君主都在场。我恰好是在亚历山大皇帝和他的皇后之间，皇后是巴登的一位公主。突然，跳舞的队伍不知道为什么停了下来，而音乐还在继续。皇帝变得不耐烦了，从我的肩头探头对着皇后，用一种非常粗鲁的口气说继续跳。皇后转过身，发现了在我身后的皇帝，而皇帝的舞伴正是他过去几天来对其抱有狂热激情的那位女士，于是，皇后用一种完全形容不出来的表情回嘴道："礼貌一点！"那位专制君主瞥了我一眼，咬了咬嘴唇，然后，跳舞的队伍又向前移动了。

大走廊的华丽令人眼花缭乱。它现在整个镀了金，尽管在大火前它只是漆成白色。那场灾难倒是有助于满足皇帝对于豪华的趣味。

欧洲各国的大使都被请来欣赏这个政府的惊人成就，这个成就受到政治人物的赞赏和羡慕，可是更受到庶民的激烈批评。人的思想在本质上是讲究实际的，那些政治人物称赞的是专制机器的简单。一年时间就建成了一座世界上最大的宫殿！对于习惯于呼吸宫廷空气的人来说，这是件多么值得称道的事情！

不付出巨大的牺牲，就不会达成伟大的目标。在这里，公共事务管理中的团结、力量和权威，是以失去自由为代价换来的，而在法国，政治自由和商业财富的代价是古老的骑士精神，以及从前被称为我们民族荣耀的细腻的情感。取代这种荣耀的是其他不那么爱国但更具普遍性的品德，是人道、宗教和慈悲。所有人都承认，在法国，相比于过去教士大权在握的时代，现在的宗教气氛更浓。希望吸取并不适合于每一种情况的优点，将会失去真正适合它的优点。在法国，没有得到认可的正是这一点，我们正是因为希望保存一切而陷入了毁灭一切的危险。每个民族都受自身的必然规律的支配，都必须服从它，否则就会受到惩罚，导致民族的毁灭。

我们想要像英国人那样经商，像美国人那样自由，像波兰人那样在饮食上随心所欲，并且成为像俄国人那样的征服者，然而这一切都是空的。一个民族的智慧在于，发现并选择适合自身特点并且已由自然和历史指出的目标，然后为了实现这个目标不怕付出任何必要的牺牲。

法国在想法上不够明智，在欲望上不够节制。它宽厚，甚至逆来顺受，可它不知道怎样运用自己的力量以及用在什么地方。它凭着冲动任意行事。一个从费奈隆[1]时代开始就只知道谈论政治而什么也不做的国家，现如今既没有得到治理也没有人为它效力。看到并谴责罪恶的人很多，但要说到救治的办法，大家都从自己的激情中寻找它，因此就没有人找到它，因为激情只能说服那些受其影响的人。

不过，正是在巴黎，人们仍然过着最愉快的生活。我们在那里为了消遣，什么都可以挑毛病。在彼得堡，人们在颂扬时对什么都感到厌烦。然而，享乐不是存在的目的，甚至对于个人来说也不是，更不用说对国家。

在我看来，比冬宫的舞厅还要富丽堂皇的是那条举行晚宴的长廊。它还没有完全修好，临时用透明纸罩着的灯具样子很怪，不过我并不讨厌。为了庆祝婚礼而如此出乎意料地张灯结彩，同这座奇幻的宫殿的整体装饰当然不相称，但它产生的光亮得像太阳光一样，这对我来说就够了。由于商品经济的发展，我们在法国除了细蜡烛之外再也见不着别的，而在俄国似乎还有真正的蜡烛。晚宴非常丰盛；在这次庆典上，一切都很庞大，而且种类繁多，弄得我不知道哪个是最令人赞叹的，是奢华的整体效果，还是单独

1　弗朗索瓦·费奈隆（François Fénelon，1651—1715），法国天主教大主教、诗人和作家，著有《忒勒马科斯历险记》（1699）等。

来看，那些东西的豪华和数量。坐在一起就餐的有上千人。

　　在这多多少少都是珠光宝气的上千人当中，有吉尔吉斯汗，早上我在教堂见过。我还看到了格鲁吉亚三十年前被废黜的老王后[1]。这个可怜的女人在征服者的宫廷里失去了活力，得不到尊重。她的脸是深褐色的，就像习惯于在军营里干杂役的男人的脸，她的装束也很可笑。当不幸以一种让我们感到不快的形式表现出来时，我们太容易笑话它了。我们希望看到的是一位因为忧伤而越发美丽的格鲁吉亚王后，但在这里，我们看到的恰好相反，而当眼睛觉得不快的时候，心灵很快就失去了公正。这不厚道，但我承认，看到一位王室成员头戴某种筒状的平顶军帽，军帽上还垂着非常奇怪的面纱，我忍不住笑了。其他所有的女士都穿着拖地长裙，但那位东方王后穿的是短的绣花衬裙。她表情疲惫不堪，而且容貌丑陋。宫廷里俄国女士的民族服装古色古香，引人注意。她们戴着某种塔状的头饰，是用贵重材料做的，形状有点像男帽，只是没那么高，而且顶是敞口的。这类头饰一般都缀有珠宝：它非常古老，

1　玛丽亚姆·齐齐什维利（Mariam Tsitsishvili，1768—1850），格鲁吉亚卡特利—卡赫季王国的末代国王格奥尔吉十二世（1746—1800）的第二任妻子。在格奥尔吉十二世去世之后，卡特利—卡赫季王国被俄罗斯帝国吞并，玛丽亚姆王后连同她的孩子们都被押送俄国。

好看的女人戴了可以显得高贵别致，而平常的女人戴了则更显难看。遗憾的是，在俄国的宫廷里，后者为数很多。那里的人除非是死了，否则很少退出，那些上了年纪的人十分恋栈。总的来说，在彼得堡，美女很少见，但是在上层阶级，优雅举止的魅力往往可以弥补优美体态以及姣好容貌的不足。不过，有少数格鲁吉亚女人把这两种优点集于一身。这些女人在北方的女人当中非常耀眼，就像南方沉沉黑夜中的星星一般。宫廷长袍的样式——长长的袖子和裙裾——让整个人有一种东方的神态，在这样的大型聚会上有非常突出的效果。

有件异乎寻常的事情让我看到了皇帝的礼貌有多么周全。

舞会期间，典礼官已经告诉头一次来到这个宫廷的外国人给他们留的晚宴位置。"如果你们看到舞会中止，"他对我们说，"就跟着人群进入长廊，那里摆了一张大桌子，在右边找到空位置就赶紧坐下。"

那里只有一张桌子，上面摆了上千套餐具，是给外交使团、外国人以及所有宫廷随从准备的；但是在大厅入口的右手边，有一张小圆桌，摆了八套餐具。

有个日内瓦人，一个聪明并且受过良好教育的年轻人，也出席了晚宴。他穿着国民卫队的制服。一般来说，皇帝不喜欢那种衣服，不过，这个年轻的瑞士人显得非常自在。不管这是由于天生的自信和共和主义者的无忧无虑，还是纯粹因为心地淳朴，他似乎既不在乎周围的人，也不在乎自己可能给他们留下的印象。我羡慕他的极端自信，那是我远远做不到的。我们的表现虽然极为不同，但都同样成功；皇帝对我们两个一样好。

有个很有经验也很聪明的人曾经半真半假地建议我，倘若我想取悦那位君主，那就保持一副恭敬而且相当腼腆的样子。这个建议完全是多余的，因为哪怕是为了结识某个煤矿工人而进入他的棚舍，我都会有点难为情，所以我真的天生就不愿和人交往。一个根本就没有德意志血统的人不会去显示它；所以，我天生的腼腆和拘谨，刚好可以满足嫉妒心强的沙皇陛下。只要他不要总是想着接近他的人可能会不尊重他，他就会像他希望的那样伟大。不过，皇帝的这种焦虑不是一直发作的。下面就是一个例子，说明了那位君主的焦虑和天生的自尊心。

那个日内瓦人十分随意，不像我那么古板和恭敬。他年轻，身上洋溢着时代的精神，同时又带有他自己率真的特点。每当皇帝和他说话时，我都不禁佩服他那自信的样子。

君主的和蔼可亲很快就因为年轻的瑞士人而受到重大的考验。进入宴会大厅的时候，那位共和主义者按照事先得到的指点，转向右边，看到了小圆桌，便在它前面大喇喇地坐了下来，虽说那里根本就没有别人和他在一起。客人们都安排好位置之后，皇帝带了几个他特别信任的军官过来，坐在那位可敬的瑞士国民卫队成员坐的同一张桌旁。我要声明一下，皇后没有坐在这张桌子。那位旅行家仍然坐在椅子上，那种泰然自若的样子先前让我佩服不已，而且在这种情况下，的确令人佩服。

这样就少了一个位置，因为皇帝没有料到这第九位客人；但是，皇帝很礼貌地——那种彻底的礼貌堪比一个善良心灵的体贴入微——低声吩咐仆人再去拿一把椅子和一套餐具，这件事不声不响地做了。

因为我坐在大桌子的一端，靠近皇帝的桌子，这件事没能逃过我的眼睛，当然也没有逃过引起注意的那个人的眼睛。这位生性快活的年轻人虽然意识到坐错了地方，却一点也没有觉得不安，在整个就餐过程中，他一直泰然自若地与挨得最近的两个邻座交谈。我当时以为他很有头脑，不希望把事情公开，但他无疑只是在等待机会，等皇帝起身的时候再去向他解释。结果根本就不是这么回事！晚宴结束的时候，那个年轻的瑞士人非但没有为自己辩解，反而似乎以为他得到的荣耀理所当然。回到他住的地方，他肯定会在日记里简简单单地写上，"和皇帝共进晚餐"。

可陛下很不开心。他在大桌上的客人面前站起身，从我们椅子的后面绕过去，并且一直示意我们继续坐着。世袭大公陪着他的父亲；我注意到这位年轻皇子在英国大贵族某某侯爵的椅子后面停了下来，与侯爵的儿子、年轻的某某勋爵互相开着玩笑。这两个外国人像其他所有人一样，在皇子和皇帝面前继续坐着，扭过身去回答他们，然后继续吃。

这种英式礼貌的展示表明，俄国皇帝的举止比许多私宅的所有者还要朴实。

在这种周围的人和事都完全不熟悉的舞会上，我原本没太指望能找到乐趣。我指的是自然界中异乎寻常的现象总是在我心中留下的印象。白天的气温已经升到五十度，晚上虽然凉快，但庆典期间宫殿里的空气还是很闷的。从桌上起身之后，我赶紧来到一扇敞开的窗户那里透气。完全从周遭的一切脱出身来，我突然欣喜地看到我们只能在北方、在极地魔幻般明亮的夜晚看到的一种光的效果。当时是十二点半，而且夜晚几乎还没有开始变长，阿尔汉格尔斯克方向已经露出了曙色。风势减弱，无数静止的带状乌云把天空分成了一块一块的，每一块都亮闪闪的，如同擦得铮亮的银盘。盘子的光泽倒映在涅瓦河上，让宽阔平静的河面看起来就像一湖牛奶或珍珠母。在这种亮光下，彼得堡的大部分地方，连同码头和塔尖，都一览无余。

这完全就像勃鲁盖尔[1]的画作。画面色彩斑斓，难以言表。圣尼古拉教堂的穹顶矗立在银色的天空下，如同青金石制作的浮雕。交易所门廊灯火通明，它的灯在黎明前要熄掉一部分，此时依然在河面闪烁，倒映成金色的柱廊。彼得堡的其余部分呈现出的是我们在老辈画家的风景画远景中看到的那种蓝色。这幅怪诞的画作是在深蓝色的大地上绘成的，并用金色的窗户作为画框，它以一种完全超自然的方式，与宫殿内部的灯火辉煌形成强烈的反差。可以说，城市、天空、大海还有大自然的整个面孔，全都联合起来，为这广袤土地上的君主给女儿举行的庆典锦上添花。

我正在出神地看着景色，突然有个甜美悦耳的声音唤醒了我："您在这儿做什么呢？"

"夫人，我正沉浸在赞美中。今天我能做的唯有赞美。"

问我的是皇后。她独自和我一起站在窗边，那里就像涅瓦河畔的一座凉亭。

"我呢，有点透不过气来，"皇后陛下说道，"我承认，它不怎么富有诗意；但您赞赏这幅画是对的，它太美了！"她继续凝视着它，又说："我肯定，您和我是这里唯一谈论光的这种效果的人。"

---

1 老彼得·勃鲁盖尔（Pieter Brueghel the Elder，1525/1530—1569），文艺复兴时期杰出的荷兰画家。

"我看到的一切对我来说都是新的，夫人；我一直懊悔没有在年轻的时候来到俄国。"

"心灵和想象力是永远年轻的。"

我没有冒昧做出回应。因为皇后还有我自己都只剩下她说的那种年轻了，而我不希望让她想到这个事实；她不会给我时间，而我实际上也不会有胆量告诉她，可以找到多少补偿来安慰我们逝去的年华。离开时，她用特有的优雅口吻说道："我会记住曾经和您一起遭罪，一起赞美。"接着，她又说："我还不会离开，今晚我们还会见面。"

我和一个波兰家族非常熟悉，那是皇后最喜欢的女友某某男爵夫人的家族。这位女士从前在普鲁士和国王的女儿一起长大，后来跟着公主来到俄国，一直没有离开她。她在彼得堡嫁了人，除了是皇后的朋友之外没有别的职务。这样持久的友谊对于两人来说都很光荣。男爵夫人肯定在皇帝和皇后面前为我说了好话，而我天生的腼腆成就了我的好运——恭维如果是无心之举，会显得比较有教养。

离开宴会厅进了舞厅之后，我再次走近一扇窗户。它对着冬宫的内院。那里呈现给我的是一幕非常不同的景象，但和之前那扇窗户看到的一样非常意外。冬宫大院呈长方形，和卢浮宫一样。舞会期间，这个院子渐渐地挤满了人。曙色已经比较清晰了，那些人默默地赞美着，一动不动，仿佛被他们主人宫殿的金碧辉煌迷住了，带着某种粗野而胆怯的快乐，陶醉在皇家喜庆的气氛中。我看着他们，体验到一种愉快的感觉。那一刻我终于在俄国看到人群了。我看到，在我的下方到处都是人，挤得满满当当，没有一寸空地。不过，在专制国家，如果民众的娱乐和君主的娱乐挨得很近，在我看来总是有点可疑。生活在俄国的专制体制下，对于人们真实的心理，我能相信的只是底层人的畏惧和讨好，以及大人物的傲慢和假意慷慨。

在彼得堡的庆典中，我总是想起叶卡捷琳娜女皇的克里米亚之旅，还有用木板和画布做成的村庄外墙。那些村庄沿途每隔四分之一里格就搭一座，为的是让自鸣得意的君主相信，在她的统治下，原本荒无人烟的地方已经有人定居。俄国人现在的心态仍然和制造这些假象的心态差不多。所有人都在粉饰，把好的一面摆在帝国统治者的眼前。人们合起伙来保持微笑，掩盖真相，为的是让他得到心理上的满足——大家都认为他致力于所有人的利益，并且代表所有人的利益。皇帝是帝国中唯一的活人，因为吃喝并不代表活着。

然而必须承认，留在那里的人是自愿的，似乎没有什么力量逼迫他们来到皇帝的窗下，因此他们是快乐的，但那只是与他们的主人同乐，因而就像弗鲁瓦萨尔[1]说的，很可怜。女人的头巾，以及系着鲜艳腰带的俄国男人的长袍——更确切地说是波斯服装——各种各样的颜色，所有人都一动不动，造成一种幻觉，好像有一幅巨大的土耳其地毯，由掌管这里所有奇迹的魔法师铺满了整个院子：一座满是人头的花坛，那是皇帝女儿新婚之夜之时皇宫中最美丽的装饰。这位君主的想法跟我一样，因为他十分自得地向外国人指出，单是有安静的观众在场，就证明了他们分享着主人的快乐。这是一个民族匍匐在无形的神灵面前的幻象。皇帝和皇后就是这个乐土上的神明，那里的居民已被驯服，为自己虚构了一种由贫困和牺牲构成的幸福。

我开始觉得，我在这里说话像是巴黎的激进分子。尽管我在俄国是个民主派，但在法国却属于顽固的贵族：正是因为巴黎郊区的农民要比俄国的地主还自由，我才会这样想和这样写。我们必须要在旅行之后才能知道，亲眼所见会对人类的心灵有多大的影响。这一经验证实了斯塔尔夫人的评论。她说，在法国，"大家要么是雅各宾派，要么是诸如此类的极端派"。

回到住处的时候，我完全被皇帝盛大、豪华的场面折

1　让·弗鲁瓦萨尔（Jean Froissart，1337—1405），法国宫廷史官和诗人。

服了，但更惊讶的是看到他的臣民对于他们并不拥有而且永远也不会拥有甚至也不敢奢望的那些好东西由衷地赞美。要是平日里没有见过自由造就了多少野心勃勃、一心只为自己考虑的人，我很难相信，专制会制造出那么多没有私心的淡泊之人。

阿斯托尔夫·德·屈斯蒂纳（1790—1857）

生于法国大革命开始的时候，卒于第二帝国时期。他的父亲被处死在断头台上，他和母亲侥幸在恐怖年代活了下来。作为小有名气的诗人和小说家，屈斯蒂纳因为发表了两本游记《斐迪南七世统治下的西班牙》和《俄国来信》而赢得了认可，后一本游记对沙皇俄国专制制度的根源和特点作了意义深远的分析。

李晓江

北京大学哲学博士。爱书。教书、读书之余，亦以译书为乐。译有《失败的帝国：从斯大林到戈尔巴乔夫》《朱可夫：斯大林的将军》《斯大林的战争》《春之祭》等。

编译说明

本书是作者 1839 年游历俄国时的旅行笔记，也是三十几封未能在当时寄出的信。之后，作者又对当时所写文字添加了若干附释，并于 1843 年结集出版。法文版全本共分四卷，名为《1839 年的俄国》（*La Russie en 1839*）。同年该书译成英文，并以三卷本的形式在伦敦出版，名为《沙皇的帝国；或游历途中对该国社会、政治、宗教的现状和前景所做的观察》（*The empire of the Czar; or, Observations on the social, political, and religious state and prospects of Russia, made during a journey through that empire*）。

本次中文版的编译以 1843 年的伦敦英文版为底本，同时参考 2002 年《纽约书评》版，并用法语版做备查。形式上还原法文版的四卷本，以法文标注标题，方便有需要的读者对照阅读。

望
MOUNTAIN
登自己的山

主　　编 | 谭宇墨凡
特约文稿 | 张旖旎

营销总监 | 张　延
营销编辑 | 狄洋意　　闵　婕　　许芸茹

版权联络 | rights@chihpub.com.cn
品牌合作 | zy@chihpub.com.cn

至元
CHIH YUAN CULTURE

出品方　至元文化（北京）
CHIH YUAN CULTURE

Room 216, 2nd Floor, Building 1, Yard 31,
Guangqu Road, Chaoyang, Beijing, China